Los puntos negros del PP

Los puntos negros del PP

JOAQUÍN ALMUNIA

AGUILAR

© De esta edición:
2004, Santillana Ediciones Generales, S. L.
Torrelaguna, 60. 28043 Madrid
Teléfono 91 744 90 60
Telefax 91 744 90 93

• Aguilar, Altea, Taurus, Alfaguara, S. A.
Beazley 3860. 1437 Buenos Aires
• Aguilar, Altea, Taurus, Alfaguara, S. A. de C. V.
Avda. Universidad, 767, Col. del Valle,
México, D.F. C. P. 03100
• Ediciones Santillana, S. A.
Calle 80 Nº 10-23
Bogotá, Colombia

Diseño de cubierta: Agustín Escudero

Primera edición: febrero de 2004

ISBN: 84-03-09488-4
Depósito legal: M-5.143-04
Impreso en España por Palgraphic, S. A., Humanes (Madrid)
Printed in Spain

A Mila Candela

No tuve amor a las palabras;
si las usé con desnudez, si sufrí en esa busca,
fue por necesidad de no perder la vida,
y envejecer con algo de memoria
y alguna claridad.

El porqué de las palabras, FRANCISCO BRINES

Índice

Introducción

Este libro pretende hacer un análisis crítico de la política realizada por el Partido Popular durante los ocho años en que Aznar ha presidido el Consejo de Ministros. Y también, trasladar a los lectores mi profunda preocupación por la gravedad de los problemas que dejan en herencia quienes han gobernado en las dos últimas legislaturas.

Empecé a acariciar la idea de escribirlo en septiembre de 2002, cuando, a través de mi buen amigo Joel Hernández Santiago, el Instituto Federal Electoral de México me invitó a pronunciar una conferencia sobre la Transición española. Como contrapunto al relato que hice de los éxitos espectaculares de aquel periodo, estudiado con admiración en la mayor parte de los países que han vivido procesos análogos, me pareció lógico referirme al final de mi exposición a algunos aspectos de nuestra realidad política que, un cuarto de siglo después, ya no ofrecían una cara tan positiva. Los denominé «los puntos negros» de la democracia española, y constaté que la mayoría de ellos habían surgido, o habían empeorado, durante los años de gobierno del PP.

Nada más regresar a España, comenté con mi editora Ana Rosa Semprún la posibilidad de desarrollar esos puntos hasta convertirlos en un libro, y ella me animó a llevar adelante esa idea. Pero el curso político 2002-2003, que se iniciaba en aquellas semanas, fue muy movido. Surgían continuamente nuevos asuntos que merecían ser integrados en el análisis y que modificaban mis primeras conclusiones, volviéndolas más pesimistas. Algunos de ellos eran tan significativos como la quiebra del diálogo social a raíz del «decretazo», la presentación en sociedad del «Plan Ibarretxe» o las grandes movilizaciones ciudadanas en torno a las crisis del *Prestige* primero, y de la guerra de Irak a continuación. Esta última, a su vez, puso de manifiesto un giro drástico en las prioridades de nuestra política exterior, cada vez menos europea y más subordinada a los criterios de Washington. Con las dificultades, el tono del Gobierno se volvió aún más arisco, y el diálogo entre la mayoría parlamentaria y la oposición se convirtió en un bien muy escaso. A comienzos del otoño de 2003, la designación de Mariano Rajoy como candidato a la presidencia del Gobierno y nuevo líder del PP fue seguida de la elección de Pasqual Maragall como presidente de la Generalitat de Cataluña, un cargo que Jordi Pujol había desempeñado durante más de veintitrés años. Arzalluz también dejó la primera línea política, y Josu Jon Imaz fue elegido presidente del PNV. Esta avalancha de acontecimientos me aconsejó retrasar la redacción definitiva del libro, que finalmente abarca los ocho años transcurridos desde la elección de Aznar como presidente hasta la disolución de las Cortes Generales y la convocatoria de elecciones legislativas para el 14 de marzo de 2004.

El lector no tiene en sus manos, por lo tanto, un texto aséptico y neutral, sino que éste toma partido desde la primera línea hasta la última. Los logros de los gobiernos del PP, que algunos ha habido, no ocupan aquí demasiado espacio. La economía española ha crecido más que las de otros países europeos, y se ha creado mucho empleo. Lo reconozco, aunque también explico cómo esos buenos resultados no derivan automáticamente, en la mayoría de las ocasiones, de las decisiones del Ejecutivo. Si hay un éxito que me produce especial alegría es el que se está consiguiendo en la lucha contra ETA. En este terreno se han registrado avances muy importantes, y hay motivos más que suficientes para expresar un reconocimiento sincero a quienes han protagonizado esas actuaciones. Pero todo ello está ya escrito. La propaganda dedicada a glosar la labor del Gobierno es abundantísima, e incluso acostumbra a pecar de un exceso de celo. Se requerirían muchos libros de las características de éste para compensar las toneladas de incienso vertidas para mayor gloria de Aznar y sus ministros.

Por eso he optado por concentrarme en la crítica de la acción de gobierno del PP, agrupándola en siete de los diez capítulos que siguen a continuación. Los dos primeros están dedicados a recordar, a modo de preámbulo, cuál era la situación del país del que se hicieron cargo los populares en marzo de 1996, y quiénes eran los nuevos gobernantes. Desde el capítulo tercero hasta el octavo, analizo las áreas en las que se concentran, a mi juicio, las consecuencias más negativas del ciclo político protagonizado por Aznar. A saber: el recorte de las libertades y el deterioro de la democracia; el bloqueo del desarrollo autonómico y la aparición de nuevas tensiones territoriales; el enquistamiento del problema vasco; la crisis del modelo de crecimiento económico; el aumento de las desigualdades sociales; y el giro de la política exterior, sobre todo a raíz de la guerra de Irak. El capítulo noveno analiza las maneras autoritarias con las que han gobernado, y por fin, en el último capítulo se hace un balance del periodo y se apuntan algunas de las tareas que quedan pendientes.

Los gobiernos del PP han puesto especial interés en cuidar de su imagen, y a ello han dedicado muchos recursos y sus mejores esfuerzos. No se han limitado a publicitar hasta la saciedad sus logros, por todas las vías imaginables; también se han apuntado otros que no les corresponden y, sobre todo, han tratado de ahogar el debate sobre sus carencias o fracasos, corriendo un tupido velo sobre la evolución preocupante de algunos asuntos importantes a lo largo de su mandato. Para lo cual no han tenido ningún escrúpulo en recortar la libertad de información y dificultar la expresión del pluralismo político.

La derecha ha acumulado en sus manos, a lo largo de estos años, un inmenso poder; no son muchas las democracias en las que un solo partido alcanza una hegemonía tan agobiante, dentro y fuera de la esfera institucional. Y como suele suceder en situaciones similares, el PP no ha desaprovechado esa circunstancia para desequilibrar la competición política en su favor. Se podrá decir que en ello algo han tenido que ver las dificultades que ha padecido el PSOE, a raíz de su salida del Gobierno, para articular una alternativa potente y creíble. Quizás haya habido algo de eso. Pero las trabas que han sufrido los partidos de la oposición para ejercer sus funciones en condiciones razonables traen causa, ante todo, de una actuación consciente y tenaz del PP para alterar desde el poder las reglas del juego. No ha habido *fair play* por parte de la derecha. Al contrario, a través de sus medios de comunicación más adictos, la mayoría de derechas se ha apoyado con descaro en su posición de ventaja para ofrecer a la opinión pública una visión distorsionada de la realidad. Pese a vivir en una sociedad en la que la información abunda y a veces abruma, son muchos los ciudadanos españoles que hoy tienen la sensación de que se les han regateado algunos elementos esenciales para responder con fundamento a determinadas preguntas. ¿Qué ha pasado realmente en estos años? ¿Qué sabemos y qué se nos ha ocultado sobre la verdadera situación de nuestro país, y su capacidad para enfrentar el futuro? ¿Hemos asistido a una alternancia normal, entre dos partidos de diferente orientación? ¿Se ha cambiado, por el contrario, la naturaleza de algunos aspectos centrales del sistema político? ¿La salud de nuestra democracia es hoy mejor o peor que hace dos legislaturas?

El paso del PP de Aznar por el Gobierno no se ha limitado a reorientar determinadas políticas, en el sentido marcado por su ideología o por sus intereses de partido. Ha habido también un claro retroceso democrático, que afecta entre otros aspectos relevantes al deterioro de las cotas de libertad y de los derechos fundamentales conquistados a partir de la Transición; a la quiebra del consenso básico alcanzado por el conjunto de las fuerzas políticas para abordar algunos de nuestros desafíos más importantes; y al agravamiento del problema más agudo que tiene España: el encaje de los nacionalismos en un proyecto común para todos los españoles.

Voluntariamente, he evitado hacer aquí un inventario tecnocrático de todas las actuaciones de los gobiernos del PP en estos ocho años; incluso hay políticas sectoriales que ni siquiera se mencionan a lo largo de las páginas que siguen. La elección de los asuntos que abordo ha estado condicionada por su mayor o menor vinculación con los motivos centrales de mi juicio crítico sobre la estrategia seguida. Tampoco me he detenido a analizar los escándalos y «casos» que han jalonado la actualidad de estos ocho años, pues no pretendo en absoluto hacer la competencia al periodismo de investigación. A lo largo de los diferentes capítulos aparecen, como es lógico, algunas menciones al *Prestige*, a Gescartera o a la guerra de Irak, por citar tres de los casos que más polvareda han levantado en los debates parlamentarios y en los medios de comunicación; pero si lo hago, es para extraer de ellos los elementos que ayuden mejor a fundar una interpretación política del comportamiento de la derecha en el poder, y a evaluar sus resultados.

Este libro quiere, por lo tanto, contribuir a explicar lo que ha sucedido realmente en el lado oscuro de la luna de la política española, y entender así mejor qué ha pasado en España desde que Aznar llegó a La Moncloa. A partir de marzo de 2000, no he mantenido una participación política muy activa. Los últimos cuatro años los he vivido más como espectador que como actor; ocupando un escaño en el Congreso, pero limitando mi tarea como diputado al papel institucional que se me asignó, como presidente de la Comisión de Presupuestos. A medida que la legislatura avanzaba, mi juicio sobre la actuación de los gobiernos del PP en relación con los temas más delicados de la agenda política se ha ido haciendo cada vez más severo, hasta el punto de que, en mi opinión, el legado que Aznar deja a su sucesor —sea éste Zapatero o Rajoy— está lleno de espinas punzantes y es mucho más complicado y negativo que el que él recibió en 1996.

Durante este tiempo, he intercambiado opiniones con mucha gente. Uno de los mejores medios para ello es, sin duda, el uso del correo electrónico, a través del cual un número creciente de ciudadanos pueden ahora hacer llegar a sus representantes su forma de ver las cosas, sus críticas, sus comentarios y sus propuestas. Con muchos de esos interlocutores he llegado a establecer una comunicación regular, y enormemente enriquecedora. Además, me he beneficiado de la inteligencia política de amigos como José María Maravall, Javier Pradera, José María Ridao, Enrique Guerrero o José Enrique Serrano; he seguido aprendiendo de la experiencia y la visión de Ramón Jáuregui sobre la situación del País Vasco y de su conocimiento sobre temas sociales y laborales; he participado de la evolución de los temas europeos a través de personas tan competentes en ese terreno como Javier Solana, Manuel Marín o Pedro Solbes; he reflexionado sobre la inmigración con la ayuda de Delia Blanco y Joaquín Arango; sobre la evolución demográfica y su impacto sobre la Seguridad Social con José Antonio Griñán, Adolfo Jiménez y Joaquín Leguina, y sobre el abandono en que nuestro país tiene a los investigadores con Mila Candela; me han ilustrado sobre los problemas económicos Francisco Fernández Marugán, Miguel Ángel Fernández Ordóñez y José Juan Ruiz, entre otros; y he seguido la evolución de la opinión pública con los análisis que me ha proporcionado Rosa Conde y con los comentarios siempre agudos de Julián Santamaría. Además, mi trabajo como director del Laboratorio de la Fundación Alternativas me ha permitido estar en contacto con algunos de los mejores expertos españoles en las áreas de las políticas de bienestar social, de la sanidad, la ciencia y la tecnología, la justicia o los medios de comunicación. Fuera de nuestras fronteras, he tenido la suerte de participar en algunas de las reuniones que impulsan, cada vez con más energía, *think-tanks* de orientación progresista como Policy Network, À gauche en Europe o Italiani-europei. De todos ellos he recogido ideas que me han permitido enriquecer o corregir mis propios puntos de vista.

Pero las valoraciones que se desgranan a lo largo de los capítulos de este libro son de mi estricta responsabilidad, y a nadie más que a mí comprometen. Junto a las conclusiones a que he llegado en base a todas esas aportaciones, y a las innumerables discusiones políticas en las que he participado, he podido disponer de un volumen importante de documentación, gracias a la colaboración impagable de Julio Pérez. Además de sus comentarios sobre el manuscrito, él me proporcionó una excelente base de datos, en la que he podido consultar la prensa de estos años, las intervenciones parlamentarias, las ruedas de prensa de los portavoces del PP, sus programas electorales y, en general, toda la información disponible a través de las páginas web del Gobierno, del PP y del Parlamento. Dado que no estamos ante un libro de naturaleza académica, he optado por no incluir las referencias precisas de cada una de las frases que aparecen entrecomilladas en el texto, aunque lógicamente he puesto especial cuidado en citarlas literalmente y en respetar su sentido.

Durante cuatro semanas, a caballo entre julio y agosto de 2003, estudié toda esa información residiendo en el Saint Edmund's College de la Universidad de Cambridge (Gran Bretaña), donde mi mujer y yo tuvimos el privilegio de disfrutar de la hospitalidad de esa comunidad académica, y en particular de la amistad de su Master, sir Brian Heap. Allí fueron tomando forma los primeros esquemas para los capítulos del libro. Su redacción tuvo lugar, sin embargo, a partir del mes de noviembre de ese año.

La forma definitiva de mi manuscrito ha pasado por las manos expertas de Santos López, quien, por segunda vez en el espacio de tres años, ha contribuido, con su profesionalidad y su ilusión por el trabajo bien hecho, a que las páginas que yo escribí tomen la forma definitiva de esta publicación. Sus puntos de vista me han sido siempre de gran ayuda.

Agradezco a Mila Candela sus valiosos comentarios sobre las sucesivas redacciones y, por encima de todo, su aliento y su impulso durante el tiempo que he dedicado a este trabajo, que ha sido robado a mi familia, y a ella en particular, incluso durante las últimas vacaciones de Navidad.

Madrid, enero de 2004

Capítulo I

Un razonable punto de partida

La victoria del Partido Popular en las elecciones del 3 de marzo de 1996 era fácilmente previsible. Lo sorprendente habría sido, más bien, que los votantes se hubiesen resistido de nuevo al cambio, como sucedió cuando el Partido Socialista ganó los anteriores comicios, contra todo pronóstico. En esta ocasión ya no hubo lugar para la sorpresa; por primera vez desde 1977, la derecha iba a tener en sus manos el poder surgido de las urnas.

Los españoles habían apostado esta vez por la alternancia. La voluntad de dar por concluido el ciclo abierto en 1982 pudo con la desconfianza que aún generaban los conservadores en los sectores moderados de la sociedad. La crispación del clima político durante la última legislatura, provocada y alentada por el propio PP, fue la gota que colmó el vaso para ganar el pulso a Felipe González, y desalojar al PSOE del Gobierno. Había llegado la hora de Aznar, tras más de trece años de mayorías socialistas.

La nueva composición del Parlamento era consecuencia lógica del estado de ánimo de muchos ciudadanos, que —con independencia de sus preferencias ideológicas— pensaron que sólo a través del cambio político podrían encontrar solución los principales problemas a los que se enfrentaba entonces la sociedad española. En su tercera campaña como candidato a la presidencia, Aznar consiguió por fin romper el techo electoral que había contenido hasta entonces a la derecha. Esta vez ya no funcionaron las barreras que habían privado del triunfo al PP en 1993.

No obstante, la moderación con que el electorado había decidido dar ese paso indicaba que las ansias de cambio estaban amortiguadas por la prevención hacia quienes representaban la única opción disponible para sustituir al PSOE al frente del Gobierno. Existían aún muchas dudas sobre la naturaleza del proyecto político liderado por Aznar; y más concretamente, sobre el grado en que la derecha había roto definitivamente con los vestigios del pasado. Pese a la sustitución de las siglas de AP —asociadas desde 1977 con el franquismo sociológico— por las nuevas del PP, a nadie se le ocultaba que se trataba del mismo partido, aunque se había producido un relevo generacional en muchos de sus niveles de dirección.

Así que en esta ocasión el cambio no fue tan brusco como el que se había producido en 1982, cuando los socialistas llegaron al Gobierno aupados en una mayoría absoluta alimentada, entre otros factores, por el hundimiento de sus predecesores. El margen de Aznar en La Moncloa iba a ser más ajustado que el avanzado por los sondeos. Los observadores, a la vista de lo sucedido en la legislatura 1993-1996, habían apostado por un triunfo más holgado; pero el fuerte desgaste de los socialistas no acarreó un volumen equivalente de votos en favor del PP.

Por eso, durante una noche electoral que no fue agradable para los vencedores, se habló de la «dulce derrota» del PSOE y de la «amarga victoria» del PP. Los que siguieron los resultados desde la calle Génova cuentan que las caras allí eran más bien sombrías, y que en la sala donde Aznar se encontraba reunido con sus colaboradores se escucharon algunas palabras más altas que otras. «Las encuestas nos han confundido», sentenció al parecer el futuro presidente.

Miles de afiliados y de simpatizantes del PP se agruparon aquella noche bajo la sede de su partido en la calle Génova, eufóricos por el triunfo tanto tiempo esperado. Ondeaban banderas españolas —algunas de ellas portaban todavía el «aguilucho» franquista— y se gritaba: «Pujol enano, habla castellano». Los manifestantes vivieron ese momento como si los resultados reales fuesen los esperados y la derecha hubiese arrasado. Pero en el interior del edificio se empezaban a dibujar escenarios y a preparar algunas llamadas telefónicas a Vitoria y a Barcelona. Para llegar a La Moncloa, Aznar tendría que atravesar en las semanas siguientes algunas puertas cuya llave estaba en manos de los nacionalistas.

Tras unas cuantas semanas de negociación, el PP pudo formar un gobierno monocolor, pero no todopoderoso. La mayoría en el Congreso de los Diputados dependía de los votos de CiU, PNV y Coalición Canaria; toda una novedad para quienes en los años precedentes sólo habían mantenido buenas relaciones con la Izquierda Unida de Julio Anguita. Su discurso tuvo que ser adaptado al tono propio de un partido de gobierno, después de dos legislaturas en las que sus portavoces se habían empleado a fondo en una tarea de oposición implacable, que nunca reconoció el menor atisbo de acierto en la tarea del Ejecutivo socialista. Rodrigo Rato, que hasta su toma de posesión como vicepresidente del Gobierno había sido el responsable del área económica del PP, reflejó muy bien ese estilo. Cuando un periodista le preguntó lo que pensaban hacer si ganaban las elecciones, su respuesta fue tajante: «Nuestra política económica consistirá en hacer exactamente lo contrario de lo que está haciendo Felipe González».

Ahora, sin embargo, no les quedaba otro remedio que convertir en hechos concretos sus promesas electorales sin desmantelar muchos de los logros alcanzados bajo los gobiernos socialistas. Como cualquier partido que llega al poder después de una larga travesía por la oposición, se vieron obligados a moderar su lenguaje y a ser cautos a la hora de administrar la herencia que les legaban sus antecesores. En todo caso, sus nuevos aliados parlamentarios no parecían muy dispuestos a colaborar con el PP en una estrategia de acoso y derribo contra los socialistas, con los que en general habían mantenido unas relaciones bastante fluidas.

La crispación

El PP se había empeñado en dibujar un panorama tenebroso de lo acontecido en España bajo los gobiernos de Felipe González; un esfuerzo en el que, por cierto, no han cejado todavía. Las virtudes y los logros alcanzados entre 1977 y el momento de su llegada al poder los atribuían a la «democracia», a la «transición» o incluso de forma más o menos subliminal al franquismo, a pesar de que durante las dos terceras partes de ese periodo habían gobernado los socialistas. Y a partir de marzo de 1996 los portavoces del Gobierno han practicado el más puro adanismo, término que la Real Academia define como «el hábito de iniciar una actividad cualquiera como si nadie la hubiera ejercitado anteriormente».

El desarrollo constitucional, la implantación del Estado de las autonomías, la entrada en Europa, la consolidación de la democracia, la universalización de la sanidad y la educación, la expansión y mejora de los servicios públicos y de las prestaciones sociales, la reconversión de nuestro sistema productivo o la modernización de nuestras infraestructuras, eran realidades que, en la España de 1996, debían apuntarse lógicamente en el haber de los gobiernos del PSOE. Pero el PP tuvo entonces, y sigue teniendo ahora, la habilidad —por decirlo en términos positivos— de alabar todos esos logros al tiempo que se afana en denigrar a quienes los hicieron posibles.

En muchos casos estamos hablando de conquistas alcanzadas a lo largo de los años ochenta, antes de que la crispación viniese a enturbiar el clima político y de que las dificultades crecientes que tuvieron que afrontar los gobiernos de Felipe González empezasen a ocupar el primer plano de la actualidad. Pero incluso durante la última legislatura socialista, hubo también bastantes luces, junto a algunas sombras muy espesas.

Lo sucedido durante aquellos años ha quedado marcado, sin embargo, por el clima en el que se desarrolló la vida política. El diálogo entre los principales partidos encontró dificultades inéditas desde el inicio de la Transición. Justo cuando la derecha abrazaba por fin sin reservas ni excepciones el sistema democrático, el Parlamento vivió instantes de una tensión extraordinaria y el consenso constitucional comenzó a deteriorarse. Casi todos los puntos neurálgicos del Estado, que desde el inicio de la Transición habían quedado al abrigo de las batallas entre los partidos, se encontraban ahora en el punto de mira de los ataques del PP.

La derecha sabía muy bien el riesgo que asumía: las ganancias que obtuviese en términos de votos tendrían como contrapartida la pérdida de confianza y el deterioro de la credibilidad de instituciones muy relevantes de la democracia española. Pero estuvo dispuesta a pagar ese precio.

La imagen de las Fuerzas de Seguridad del Estado y de la justicia sufrió mucho por su utilización como arma arrojadiza en las pendencias políticas. Los nombres de algunos magistrados de la Audiencia Nacional estaban más presentes en los titulares de los periódicos que los de muchos ministros. Los documentos secretos del CESID aparecieron en todos los medios de comunicación. Y varios de éstos, sobre todo algunos de los afincados en Madrid, se habían convertido en la punta de lanza de la operación de acoso y derribo orquestada para desalojar al Gobierno socialista.

La herencia de los gobiernos socialistas

En medio de ese clima irrespirable, lo de menos era el debate sobre las diferentes alternativas políticas que encarnaban el PP y el PSOE. El fragor del combate impedía al Gobierno transmitir a la opinión pública la mejoría que se estaba empezando a producir en la situación de la economía, después de la durísima recesión que estalló nada más cerrarse las puertas de la Expo' 92 de Sevilla. Aprovechando esa circunstancia, el PP ha colgado de su pecho, a partir de 1996, más medallas de las que le corresponden. El Gobierno Aznar siempre ha tratado de argumentar que la fase de fuerte crecimiento económico de su primera legislatura se inició coincidiendo con su llegada al Ejecutivo, frente a la evidencia de los datos que muestran que la recuperación se estaba ya produciendo a mediados de 1994. Y en el terreno del empleo, la Encuesta de Población Activa del INE —la misma estadística en la que el PP se apoya para exhibir sus excelentes resultados— confirma que durante los dos últimos años de Gobierno socialista ya se habían creado más de 670.000 empleos.

Jordi Pujol y otros portavoces de Convergència i Unió —por citar fuentes poco sesgadas a favor del PSOE— han recordado a menudo que el comienzo de la recuperación económica, de la que tanto se han beneficiado los gobiernos del PP, tuvo su origen en la gestión de Pedro Solbes, último ministro socialista de Economía y Hacienda. Fue entonces, y no a partir de mayo de 1996, cuando realmente se empezó el proceso de convergencia nominal que nos permitió años más tarde formar parte del euro.

Es verdad que persistía el problema del déficit público. Como consecuencia de la fortísima caída de actividad que sufrió nuestra economía hasta 1994, se redujeron los ingresos públicos mientras que los gastos en prestaciones por desempleo se dispararon. Si a ello se añaden los elevados gastos financieros derivados de la necesidad de financiar el endeudamiento público en unas condiciones de mercado muy desfavorables, el resultado no pudo ser otro que el de un fuerte agujero en las cuentas públicas.

Éste empezó a cerrarse de modo automático gracias al cambio favorable de signo de la coyuntura económica, antes incluso de que el nuevo Gobierno del PP empezase a adoptar decisiones. Las ganancias de competitividad obtenidas con las devaluaciones de la peseta de los años 92 y 93, y la vigorosa recuperación de la economía norteamericana, mejoraron la situación del sector exterior. Junto a ello, el ajuste llevado a cabo por muchas empresas durante la recesión creaba buenas condiciones para un crecimiento sostenido, apoyado en la contención de la inflación y en la caída de los tipos de interés que se registraba en los mercados financieros.

Además, y frente a lo que podría deducirse de un periodo muy convulso desde el punto de vista político, el último Gobierno socialista siguió impulsando un buen número de reformas económicas de carácter estructural. Y lo hizo a un ritmo incluso superior al de la legislatura anterior.

Bajo la batuta de Pedro Solbes, y en estrecha colaboración con el vicepresidente Narcís Serra y con el ministro de Industria Juan Manuel Eguiagaray, se avanzó en el proceso de privatización de las principales empresas del sector público, iniciado ya en la época de Carlos Solchaga. Telefónica, Repsol, Endesa, Argentaria... vieron disminuir la presencia del Estado en su capital, aunque en ningunos de esos casos se llegó a su total desaparición. El Gobierno apostó casi siempre por la constitución de un «núcleo duro» de accionistas privados que convivía en los respectivos consejos de administración con los representantes del capital público. Los máximos responsables de esas empresas seguían estando vinculados al Gobierno, pero se trataba de gestores profesionales que contaban con el apoyo y la confianza de los nuevos accionistas privados.

Muchos se preguntan por qué el PSOE no llevó hasta el final esa lógica, eliminando al ciento por ciento la presencia del Estado en unas empresas que ya se estaban comportando de hecho como compañías privadas. Así se hubiese podido evitar que el Gobierno del PP colocase al frente de todas ellas a personas de su confianza, lo que le facilitó la creación de una densa red al servicio de sus intereses particulares y políticos. La respuesta que creo que responde a la verdad refleja la honestidad y el sentido de defensa del interés público que caracteriza a Pedro Solbes: el valor en Bolsa de las participaciones residuales en manos del Estado estaba en aquellos momentos por debajo de su valor real, y el ministro prefirió no provocar pérdidas a las arcas públicas, aun a costa de renunciar a cualquier tipo de ventaja política. Viendo lo que sucedió a continuación, no queda más remedio que lamentar un comportamiento tan escrupuloso.

Junto a las privatizaciones, el último Gobierno socialista promovió algunas liberalizaciones importantes, impulsado por un Tribunal de Defensa de la Competencia que adquirió un protagonismo inédito bajo la presidencia de Miguel Ángel Fernández Ordóñez. Es verdad que no se avanzó a la misma velocidad en todas las áreas; a veces por resistencias procedentes del propio Gobierno y en ocasiones por los reparos de los socios parlamentarios de Convergència i Unió. Pero fue en esa legislatura cuando se llevó a cabo, entre otras, una de las liberalizaciones más exitosas de la última década, como es la de la telefonía móvil.

También se produjeron transformaciones muy importantes en el terreno laboral. Las modificaciones del Estatuto de los Trabajadores introducidas por la «reforma Griñán» de 1994 supusieron un gran paso adelante en la adaptación de las relaciones industriales a los requerimientos derivados de nuestra integración en una unión monetaria y, lo que es aún más importante, proporcionó a los agentes sociales y económicos un mayor margen de flexibilidad para afrontar los cambios generados por la evolución tecnológica y la globalización. Junto a esa reforma, hubo que modificar en dos ocasiones la regulación de las prestaciones por desempleo, para hacer frente al déficit creado como consecuencia de la recesión.

El Pacto de Toledo fue otro de los significativos logros alcanzados durante la última legislatura socialista. Las cuentas de la Seguridad Social acusaban, como es lógico, el descenso del número de cotizantes, y la preocupación por las consecuencias que ello podría acarrear para la sostenibilidad del sistema de pensiones facilitó que todas las fuerzas parlamentarias estuviesen dispuestas a suscribir una estrategia común de reformas.

Ángeles Amador impulsó desde el Ministerio de Sanidad algunas decisiones, por ejemplo en el terreno de los gastos de farmacia, que refuerzan la imagen de un Gobierno reformista y decidido. Como lo hicieron también Josep Borrell en el Ministerio de Fomento, Juan Alberto Belloch en el de Interior y Justicia o los diversos titulares del Ministerio de Educación que participaron en la puesta en marcha de la LOGSE.

A medida que se aproximaban las elecciones de 1996, y gracias en parte a las reformas que impulsaba el Gobierno, la economía mejoraba progresivamente. Desde el punto de vista estrictamente político el panorama era mucho más negativo; lo que no quiere decir que en este terreno no se estuviesen tomando decisiones. Como respuesta a los casos de corrupción más sonados —Juan Guerra, Roldán, Rubio— o a los ataques surgidos en torno a los GAL, en el debate sobre el estado de la nación celebrado en la primavera de 1994 el Gobierno se comprometió a aprobar una serie significativa de medidas en ese ámbito. Se puso en marcha la Fiscalía anticorrupción; se produjo una nueva regulación de los gastos reservados; se endurecieron las incompatibilidades, etcétera. Y por supuesto, se aprobó el nuevo Código Penal.

En el campo de la lucha antiterrorista, se siguieron combinando las medidas estrictamente policiales con los intentos por encontrar una salida negociada con una ETA que había quedado considerablemente debilitada desde la detención de su cúpula dirigente en Bidart, en 1992. En los últimos meses de gobierno socialista, se puso en marcha un proceso de contactos protagonizado por el premio Nobel argentino Pérez Esquivel, frustrado tras las elecciones por decisión de Jaime Mayor Oreja.

Y como colofón, la presidencia española de la Unión Europea, que se desarrolló durante el segundo semestre de 1995, acumuló un impresionante bagaje de resultados positivos. Entre otros, se puso en marcha todo el proceso que condujo a la entrada en vigor del euro; se aprobó la Declaración de Barcelona sobre el diálogo mediterráneo y se aprobó la nueva Agenda transatlántica.

La necesidad de la alternancia

Sin embargo, ni las políticas del Gobierno ni los buenos resultados económicos que empezaban a anunciarse hacían mella en una opinión pública que estaba impaciente, deseando que se produjese de una vez la alternancia. Los escándalos ocupaban los titulares de los medios, y algunas de las reformas estructurales eran contestadas por los sindicatos y por otros sectores sociales que se resistían a perder privilegios, o que simplemente optaban por mantener el *statu quo*. Había una sensación muy clara de que la situación no daba más de sí, y de que cuanto antes acabase, sería mejor para todos.

El cansancio que se percibía en el electorado acabó por afectar también al estado de ánimo de algunos de los responsables del Gobierno, a los que les costaba cada vez más adoptar algunas decisiones. Como José Bono se opuso al trazado programado por Josep Borrell para que la autovía Madrid-Valencia atravesase las Hoces del Gabriel, ésta quedó inconclusa. Las reticencias de los ministros afectados retrasaron *sine die* algunos traspasos de competencias hacia Cataluña o el País Vasco, poniendo en dificultades las relaciones de su Gobierno con los grupos de cuyo apoyo dependía su estabilidad parlamentaria. Entre otras cosas, esa falta de apoyo hizo que no se pudieran aprobar ni la reforma de la ley del aborto para la introducción de una cuarta indicación socioeconómica, ni la regulación de las parejas de hecho.

Se vivía un clima de final de época, en el que resultaba prácticamente imposible obtener rentabilidad política de los buenos resultados de la gestión socialista en muchos terrenos. Los grandes avances del periodo de Felipe González al frente del Ejecutivo se daban ya por pagados con el enorme respaldo popular que sus gobiernos habían recibido del electorado hasta 1993, durante más de diez años. Para la mayoría de la sociedad, lo prioritario era despejar las sombras que se habían ido concentrando a lo largo de las dos últimas legislaturas sobre el conjunto de la vida política, y eso se identificaba con el cambio político.

En el momento en que el PP llegó al Gobierno estaban a punto de cumplirse veinte años desde que la designación de Adolfo Suárez como presidente del Gobierno diese el pistoletazo de salida a la transición política. Los sucesores de quienes entonces vieron con recelo la apertura de un proceso de democratización que acabó suponiendo la ruptura efectiva con el pasado y la aprobación de la Constitución eran ahora los encargados de liderar la España constitucional, que ya había conseguido dejar atrás prácticamente la totalidad de sus problemas históricos.

Los «puntos negros» de la democracia española, en 1996

Pero no todo en ella era perfecto. Junto a los éxitos de la Transición, tantas veces ponderados, se habían ido acumulando a lo largo de los años algunos «puntos negros». El terrorismo, sin duda, era el más importante y doloroso de todos. Esa siniestra herencia de la dictadura hacía ya tiempo que no representaba una amenaza para la estabilidad de las instituciones democráticas, pero seguía sembrando de odio, de dolor y de sangre las calles del País Vasco y del resto de España. ETA no podía ya echar un pulso a la democracia española, pero todavía podía quebrar la libertad y el disfrute de los derechos más elementales a sus víctimas y a quienes situaba bajo su punto de mira. La violencia terrorista, además, introducía arena en los engranajes de la relación entre el nacionalismo vasco y el resto de los partidos democráticos. A diferencia del nacionalismo catalán, que defendía sus posturas sin tener que cuestionar el marco constitucional y estatutario surgido de la Transición, el PNV no había encontrado la manera de superar sus reparos hacia la Constitución de 1978.

Otros problemas endémicos tenían su origen en la persistencia de algunas debilidades de la economía española, que no habían podido ser atajadas en las dos décadas precedentes. El paro seguía siendo la principal de todas ellas. La recesión del periodo 1992-1994 había puesto de manifiesto que los fallos de nuestro mercado laboral no habían quedado superados con los buenos resultados en materia de empleo obtenidos desde la mitad de la década anterior. La destrucción de puestos de trabajo en esos dos años había sido fortísima, y la recuperación posterior no podía ocultar el hecho de que un tercio del total del empleo existente era de naturaleza temporal. La precariedad laboral afectaba de manera especial a jóvenes y mujeres. Estas últimas seguían teniendo un nivel de actividad laboral muy inferior al de los hombres, y unos salarios menores.

Los desajustes profundos del mercado de trabajo se manifestaban también en otros aspectos. Las consecuencias de un paro muy elevado y persistente se reflejaban en la aparición de bolsas de la exclusión social y de marginalidad, ligadas a su vez en muchas ocasiones al tráfico de drogas. Y éste estaba vinculado con un porcentaje muy elevado de los delitos que se cometían en España. El desempleo, la droga y la inseguridad ciudadana encabezaban, junto con el terrorismo, las preocupaciones de la gente en las encuestas de opinión. Como elemento común a todas ellas, subyacía un sentimiento difuso de inseguridad y de miedo: miedo al futuro, a quedarse sin trabajo, a ser víctima de un robo, a no recibir atención suficiente en la vejez.

Otros campos en los que aún quedaban muchas cosas por hacer eran los de la investigación y el desarrollo tecnológico. Pese al enorme esfuerzo educativo realizado desde los comienzos de la democracia, nuestro país seguía teniendo un considerable desfase en el porcentaje de recursos dedicados a la investigación científica en comparación con el de los países más avanzados, y empezaba también a acumular retrasos en la utilización de las nuevas tecnologías de la comunicación. Mientras que los niveles relativos de renta, de gasto público de naturaleza social o de infraestructuras físicas se habían acercado progresivamente a los promedios europeos, la distancia en todos los indicadores relativos a ciencia y tecnología no sólo no se acortaba, sino que en algunos casos aumentaba.

Por último, las instituciones de la democracia tampoco habían sido capaces de ofrecer resultados satisfactorios en algunos terrenos de naturaleza estrictamente política. La justicia se había visto mezclada con las batallas entre los partidos, pero además seguía siendo lenta e ineficaz. Los medios de comunicación públicos recibían continuas acusaciones de partidismo y falta de imparcialidad, y acumulaban un endeudamiento creciente. El Parlamento necesitaba reformar sus procedimientos de trabajo para conectar mejor con una opinión pública en la que había hecho mella el clima escandaloso y poco edificante que venía caracterizando a la vida política, sin comparación posible con el que se registraba en otras democracias europeas. Los niveles de afiliación de los partidos permanecían muy bajos y la desconfianza hacia quienes ocupaban el poder, por muy legítima que fuese la vía por la que lo habían obtenido, era una constante, como en las mejores sátiras de Quevedo. Menos mal que los niveles de participación en las urnas se mantenían en unas cotas razonables, y que el compromiso ciudadano con los valores democráticos no se había visto mermado por las fuertes críticas que se dirigían hacia los protagonistas de la vida pública.

Las causas de esos «puntos negros» de la democracia española eran múltiples, y las responsabilidades debían repartirse en diferentes direcciones. En algunos casos, empezaban a apreciarse ahora algunos límites de un proceso de transición consensuado, aunque su balance siguiese siendo a todas luces muy positivo. En otros, los errores o las carencias eran imputables a los gobiernos socialistas; no podía ser de otra manera, por cuanto habían protagonizado la labor de gobierno durante la mayor parte del tiempo transcurrido desde el inicio de la Transición. Pero también debían asumir su parte de culpa el resto de las fuerzas políticas —incluidos el PP y los nacionalistas, que ahora iban a formar la nueva mayoría parlamentaria—, los agentes sociales, los miembros del poder judicial, etcétera.

Por otra parte, a los elementos específicos de la situación política interna se venía a sumar el hecho de que prácticamente todas las democracias de los países avanzados acusaban problemas derivados de factores que también incidían sobre nosotros. En España, como en los países de nuestro entorno, muchos ciudadanos se sentían inseguros ante el impacto de la globalización o frente a la intensidad de los movimientos migratorios; desorientados acerca del papel que debe desempeñar el Estado contemporáneo en la regulación económica; preocupados por el hecho de que determinados medios de comunicación o jueces tuviesen más poder que las instituciones representativas; indignados ante los fallos de los partidos políticos o los defectos del sistema electoral...

La necesidad de un nuevo proceso de reformas

Por todo lo anterior, en 1996 había una necesidad objetiva de reformas, tanto económicas como políticas, que ya se había empezado a sentir estando aún el PSOE en el Gobierno. Unas pocas de ellas se habían llegado a debatir y aprobar en el Parlamento durante la legislatura 1993-1996; pero la falta de una mayoría estable, la aparición en el centro del escenario de todos los temas ligados a los escándalos de aquellos años, y la imposibilidad de consensuar con el PP muchos de los llamados «temas de Estado», hicieron que el grueso de las reformas que tanto el PP como el PSOE habían comprometido en sus programas de 1993 se quedasen en el tintero.

A partir de las elecciones de 1996, y con independencia de quiénes formasen la mayoría parlamentaria, se necesitaban nuevos impulsos para adaptarse a las nuevas necesidades del sistema político construido en la Transición. Había que modernizar las instituciones que —como la justicia— menos habían cambiado con la llegada de la democracia; repasar algunos aspectos del funcionamiento del Parlamento y de los partidos que habían quedado condicionados por la preocupación de los constituyentes de asegurar en un primer momento la estabilidad de los gobiernos y la consolidación de las fuerzas políticas; definir respuestas ante nuevos desafíos —como la inmigración— inexistentes veinte años antes; y adaptar las estrategias para superar con éxito los desafíos planteados por algunos problemas serios —el paro, el terrorismo, la situación del País Vasco— que aún seguían abiertos.

Al nuevo gobierno que formase Aznar le correspondía ahora hacer frente a esos desafíos. El balance de su gestión tendría que dar cuenta del estado de situación de los mismos.

Capítulo II

Los nuevos gobernantes

Tiempo antes de aterrizar en el Gobierno, la derecha española encontró por fin una expresión política conforme a los cánones democráticos. Si finalmente la evolución que se había producido en el PP resultaba sincera, y se acababa trasladando a su proyecto político y a su talante, se trataba de una excelente noticia. El tiempo lo diría. De momento, en todo caso, los beneficios que iban a obtener los populares gracias a esa operación eran evidentes. Fuesen cuales fuesen sus motivos de fondo, al abrazar públicamente y sin recelos el conjunto del texto constitucional, y en particular su Título VIII, los herederos de la Alianza Popular de Fraga y sus «siete magníficos» dieron el paso decisivo que les acabaría abriendo las puertas de La Moncloa.

Con la salida de los socialistas del Gobierno, se completaba por fin la doble alternancia —de UCD al PSOE, y de éste al PP— que algunos politólogos consideran como la «prueba del nueve» de la estabilidad de un sistema democrático. Pero eso no significaba que todos los interrogantes que habían rodeado hasta entonces al Partido Popular quedasen definitivamente despejados. Muchos de sus propios votantes eran conscientes de ello. Ciertamente, se había disipado el miedo que generaban los representantes de la derecha en los sectores moderados de la sociedad; pero subsistían dudas acerca de cuáles eran realmente el programa y las intenciones de quienes iban a sentarse en la mesa del Consejo de Ministros.

Entre otras razones porque sus rasgos ideológicos no estaban muy definidos, y sus portavoces ofrecían una imagen de inmadurez. Algunas de las propuestas que habían lanzado durante los años anteriores sonaban demasiado radicales; si bien, a medida que se fueron acercando las fechas electorales, perdieron sus aristas más cortantes. Pero incluso las más moderadas venían envueltas, ahora, en un barniz demagógico que las hacía poco fiables.

El estilo bronco y adusto que caracterizaba el comportamiento de los portavoces del PP, empezando por el de su candidato, seguía suscitando inquietud. Para más inri, sus principales apoyos sociales y mediáticos les jaleaban, animándoles a elevar el tono de sus ataques desaforados contra Felipe González, su Gobierno y los socialistas en general. El hecho de que la mayoría de los dirigentes conservadores no hubiesen participado activamente en la Transición se reflejaba en una cultura política que no se preocupaba demasiado por buscar lugares de entendimiento con sus adversarios.

A decir verdad, el recelo ante el consenso siempre había estado presente, de un modo u otro, en la concepción de la política por parte del PP. Por supuesto, a mediados de los noventa habían desaparecido de su discurso las críticas contra el consenso y contra la Constitución que dejó escritas el joven Aznar en sus famosos artículos de *La Nueva Rioja* de Logroño, publicados a lo largo del año 1979. Pero sus ideas de juventud parecían haber dejado algunos vestigios en el comportamiento de los dirigentes de la derecha. Era inevitable relacionar su insistencia en afirmar que los problemas debían ser abordados sin complejos y sin miedo, con las recriminaciones que Aznar había dirigido a los protagonistas de la Transición por su predisposición al consenso, y a dar cabida dentro del marco constitucional a posturas muy diversas.

En noviembre de 1994 Aznar publicó *España, la segunda transición*. En la introducción, apostaba por la necesidad de impulsar un proceso político que «culminará y determinará nuestro modelo de convivencia y el papel de España en el marco internacional». ¿Qué se ocultaba tras esa manifestación tan ampulosa? Dado el escaso apego que su autor mostró por la primera y auténtica transición, hubo quien imaginó que tras el anuncio de una nueva se albergaba la voluntad de dar marcha atrás en determinados avances conseguidos en los dos primeros decenios de la democracia. Sin caer en juicios de intención aventurados, no podía descartarse que, en el momento en que Aznar tuviese en sus manos la oportunidad de dirigir el país, trataría de enmendar la plana a sus antecesores alterando algunos de los elementos básicos del sistema surgido a raíz de 1977.

El viaje hacia el centro

Este tipo de especulaciones se alimentaban, además, en el hecho de que el proyecto político del PP se sustentaba en unas bases ideológicas sumamente ligeras, casi evanescentes en muchos aspectos. Desde los tiempos de Fraga, los políticos de la derecha se debatían entre la fidelidad a sus orígenes —una mezcla de maurismo, nacionalcatolicismo y corporativismo, a lo que se añadían los vínculos directos de muchos de sus componentes con el franquismo puro y duro— y la convicción de que el camino que conducía a la mayoría parlamentaria pasaba por explorar otros terrenos, más moderados y modernos. Pero hasta ahora, siempre que habían intentado recorrer ese camino se habían encontrado con dificultades insalvables, con lo que la operación había concluido con un estrepitoso fracaso.

El pionero de ese permanente «viaje al centro», siempre inconcluso, había sido el propio Fraga, que empezó a hablar de ello en las postrimerías del franquismo. Tanto él como José María de Areilza vieron, al inicio de la Transición, cómo Adolfo Suárez y su Unión de Centro Democrático se quedaban con el santo y la seña del centrismo, y gracias a ello ganaban con holgura las primeras elecciones. Tras la crisis terminal de la UCD, Fraga volvió a intentarlo en 1986, pactando con democristianos y liberales. Pero la experiencia tampoco tuvo éxito. La llegada de Aznar al frente del partido, después de muchos avatares, y la sustitución de las siglas de AP por las de PP fueron presentadas en su momento como un paso más en dirección de un centro político tan difícil de ocupar como de definir.

¿A la tercera iría la vencida? Los dirigentes de AP, y luego del PP, realizaron muchos tanteos infructuosos en su intento de autoidentificar sus principios ideológicos. Cada vez que intentaban proclamarlos, su discurso se convertía en una serie de obviedades o de lugares comunes, cuando no de afirmaciones incoherentes unas con otras. Las primeras explicaciones de Aznar como nuevo líder de la derecha estuvieron plagadas de contradicciones. Tan pronto declaraba querer promover en España los valores de la democracia cristiana como manifestaba su sintonía con las políticas de Margaret Thatcher y Ronald Reagan, o expresaba su alegría por la victoria electoral de un político de credenciales tan dudosas como Berlusconi en Italia.

Consciente, quizá, de la imposibilidad de mantener por mucho tiempo un abanico tan variado de referentes políticos, Aznar intentó situar su proyecto de cambio al margen de la dicotomía izquierda-derecha. Es decir, optó por adaptar su discurso a las rugosidades del terreno, acercándose de manera entusiasta a toda idea o familia política que le pudiese ser rentable a corto plazo. Tanto él como sus colaboradores repetían en sus intervenciones que su objetivo era colocar a su partido en el centro político, y reiteraban su admiración por el papel desempeñado por la UCD y por Suárez.

En marzo de 1995, el presidente del PP confesó a Pedro J. Ramírez: «Hemos hecho un partido centrista. (...) Esto ha requerido complicadas operaciones internas en un espacio político muy disperso, un ejercicio de oposición muy fuerte para poder ser alternativa e integrar a las diferentes corrientes del centro derecha». «¿Cuál es ahora la ideología del PP?», le preguntó el periodista. Aznar respondió: «Somos un partido liberal en lo económico, con una vocación europea muy clara de tradición democristiana y luego con un gran contenido social, propio de los partidos de este fin de siglo que respetan las modernas políticas de cohesión social. Lo popular en este momento es lo que hace convivir lo democristiano y lo liberal. Aunque yo personalmente me declaro más liberal que democristiano». Un poco confuso, Ramírez insistió: «¿Quiere decir que el PP es la UCD sin socialdemócratas?». «Básicamente, aunque hay todavía algún socialdemócrata camuflado», dijo Aznar, dejando abierta, con toda la intención, la duda sobre el número de progresistas que podían haber encontrado acomodo entre las filas de la derecha.

Esta notable amalgama ideológica todavía se mantuvo con la llegada del PP al Gobierno. Cuando llevaba un año al frente del Ejecutivo, Aznar dijo que España era, junto con Alemania, «el último bastión de la derecha europea», y por esas mismas fechas reconoció que no había nadie a la derecha de su partido. Pero en otras declaraciones no muy alejadas en el tiempo, y quizá forzado por el enorme peso adquirido por los socialdemócratas en los gobiernos de la Unión Europea a partir de 1997, que le hacía aparecer aislado en la mesa del Consejo Europeo, se desmarcó nuevamente de las ubicaciones políticas tradicionales, considerando superada la polarización entre izquierda y derecha: «Las cosas en Europa funcionan de otra forma, no por bloques ideológicos».

El aislamiento respecto de los grupos políticos nacionalistas, que ocupaban los escaños centrales en el hemiciclo del Congreso de los Diputados, no parecía preocupar al PP antes de las elecciones de 1996. Imaginaban, quizá, que las ganarían con suficiente margen como para hacer innecesaria la búsqueda de socios parlamentarios. De hecho, pocos observadores pronosticaron que la derecha tendría que pactar con los nacionalistas para disponer de una mayoría suficiente. Paradójicamente, su único aliado de aquella época era Julio Anguita, con quien habían orquestado una sólida «pinza» para desgastar al Gobierno, pero con el que lógicamente no podían articular ninguna estrategia que aspirase a algo más que a atacar a sus adversarios comunes: los socialistas.

Prueba de que, antes de 1996, el PP no había contemplado seriamente la hipótesis de un pacto con los nacionalistas es que sus planteamientos en torno a la idea de España eran totalmente explícitos y nítidos, a diferencia de sus ideas sobre las políticas sociales y los servicios públicos. Como buenos herederos de aquella Alianza Popular para la que «España era lo único importante», el PP tuvo a gala desde el principio mantener un discurso uniforme y esencialista respecto del hecho nacional, sin tratar de integrar las voces plurales que se escuchaban, incluso dentro de sus propias filas, en diferentes lugares del territorio.

Cuando Aznar hablaba de este tema, se dejaba llevar con frecuencia por el lenguaje épico que tanto había practicado de joven. «España es una realidad nacional (...) ámbito de grandes, ilusionantes y sugestivas tareas comunes», dijo en la presentación de la Fundación para el Análisis y los Estudios Sociales (FAES), en mayo de 1992, elevando en varios tonos la música orteguiana. Por esas mismas fechas sentenció: «Por una nación, por un país, merece la pena hacer cosas. Por un Estado no merece la pena sacrificarse demasiado». Lo cual, dicho sea de paso, no es muy consistente con la proclamación, años más tarde, de su «patriotismo constitucional».

El fervor nacionalista que revelan ese tipo de afirmaciones condujo al PP a intentar monopolizar bajo sus siglas una visión global de España, y a autoerigirse en el único partido capaz de garantizar un discurso nacional. Frases como «el PP es el único partido que garantiza la cohesión nacional» ya eran repetidas entonces de manera incesante. Más adelante, esa afirmación se ha convertido en un latiguillo recurrente en boca de los ministros de los gobiernos de Aznar, utilizándola como ariete en contra de los socialistas.

Pero como ese mensaje no casaba muy bien con su objetivo de dirigirse hacia el centro del escenario político, los líderes populares se empeñaron simultáneamente en negar su condición de nacionalistas españoles, en flagrante contradicción con sus propias palabras. «No creo en el nacionalismo como doctrina política ni como instrumento de movilización electoral, ni siquiera como fundamento de unidad», escribió Aznar en su libro. Sin embargo, conviene tener presente el dicho inglés: «Si el pico se parece al de un pato, tiene las mismas plumas que un pato y emite graznidos como un pato, lo más probable es que sea un pato». Y en el discurso del PP a lo largo de la primera mitad de los años noventa había elementos suficientes para concluir que uno de sus rasgos definitorios era el nacionalismo español, del que esperaban además obtener jugosos réditos electorales.

Lo cual no fue óbice para que, con esa obsesión tan característica del PP de apuntarse a cualquier idea siempre que les pudiese reportar algunos votos, el candidato Aznar —tanto en vísperas de las elecciones de 1993 como de las de 1996— no se olvidase de manifestar: «No me asusta nada que se establezcan en España mecanismos propios de un estado federal», o: «No me repugna en absoluto una tendencia federalizante en nuestro país». Por si acaso.

La concreción de algunas promesas electorales

Las promesas dirigidas a alegrar el oído de los electores de todo signo no se limitaban, desde luego, a los asuntos conectados con la estructura del Estado. La creciente ambigüedad ideológica del PP le servía para disminuir el rechazo que sentían hacia sus siglas los votantes más moderados; pero alimentaba, a su vez, en éstos una creciente demanda dirigida al principal partido de la oposición para que concretase algunas de las políticas que se proponía emprender en el caso de que tuviese que asumir responsabilidades de gobierno.

«El reproche más generalizado que recibe en estos días el líder del PP es el de carecer de programa alternativo al del Gobierno», escribió Pedro J. Ramírez como preámbulo a la larga entrevista que el director de *El Mundo* realizó a su amigo Aznar en marzo de 1995, en la que consiguió por fin sonsacarle algunos compromisos sobre las políticas a desarrollar una vez instalado en La Moncloa. Tal precisión era, a juicio del periodista, de todo punto necesaria para que esta vez la victoria electoral no se le escapase de las manos a su protegido, como había sucedido en 1993.

Las reformas referidas al funcionamiento de la administración y de las instituciones se llevaron los mayores titulares del gran despliegue con el que la primera página de ese periódico destacó las declaraciones de Aznar. El líder del PP, que como presidente de Castilla y León había mostrado ya una gran preocupación por ofrecer la imagen de un gobernante austero, aseguró que en su programa incluiría un plan para suprimir cinco mil cargos públicos, con el fin de lograr una administración profesionalizada que recuperase para las tareas de dirección a los funcionarios de carrera. No contento con eso, se comprometió a reducir el tamaño del Estado y a racionalizar su funcionamiento, poniendo en marcha una «administración única» —es decir, suprimiendo cualquier solapamiento entre las distintas administraciones territoriales— en el espacio de cuatro años.

Otro asunto al que otorgó un lugar preferente en sus prioridades fue la reforma del servicio militar, sin duda incitado por el éxito logrado entre los jóvenes por las promesas formuladas años atrás por el CDS de Adolfo Suárez. Aznar se declaraba dispuesto a estudiar ahora la reducción de la mili a seis meses, copiando una promesa similar hecha pública por aquellos días por el presidente francés Jacques Chirac. Por lo tanto, aún mantenía entonces su apuesta por la mili obligatoria. «Yo no soy partidario, lo digo con claridad, de romper el cordón del compromiso ciudadano con las Fuerzas Armadas y con la seguridad del país», respondió cuando el periodista se hizo eco de la opinión de mucha gente de su partido en el sentido de pasar de una vez a un ejército profesional.

Pero el terreno en el que más se esforzó el PP por concretar sus posiciones políticas fue el de las reformas democráticas. Aznar anunció su propósito de cambiar la Ley Electoral para permitir el desbloqueo de las listas, e insistió sobre todo en una de sus promesas más reiteradas desde la época de Castilla y León: reformaría el reglamento del Congreso para permitir que las minorías pudiesen llevar adelante su propósito de crear Comisiones de investigación, incluso en contra de la voluntad de la mayoría. La importancia que atribuía a esta reforma era tal que llegó a identificar su puesta en marcha con «la recuperación de los valores democráticos».

También en relación con el funcionamiento del Parlamento, se comprometió a responder semanalmente a una pregunta de cada grupo parlamentario, a pronunciar en la Cámara cualquier comunicación o declaración de relevancia política, y a responder a determinadas interpelaciones. Ésas eran las líneas principales de su tantas veces mencionado compromiso de «convertir el Parlamento en el centro de la vida política».

El modelo de televisión pública era otra de las «estrellas» de las propuestas del PP para cuando llegasen al Gobierno. El cambio que ofrecían respecto de la situación precedente era muy profundo. De una parte se anunciaba un régimen de libertad total para la creación de nuevos canales privados, e incluso se prometía la privatización de la segunda cadena de la televisión pública; y de otra se criticaban los contenidos de las emisiones de TVE, apostando por un modelo de televisión pública con un nivel cultural comparable al de la BBC. Por supuesto, y en coherencia con las insistentes acusaciones de parcialidad dirigidas a los informativos de la cadena estatal, Aznar avanzaba la intención de que el director del Ente Público RTVE —que en ningún caso debía tener carnet de partido— fuese elegido por su Consejo de Administración, de entre una terna propuesta por el Ejecutivo.

El ejercicio de recordar ahora cuáles eran, según sus propias manifestaciones, los principales puntos programáticos de Aznar antes de su llegada al Gobierno conduce a una conclusión: o bien a lo largo de su mandato ha incumplido con claridad lo que entonces constituía sus prioridades, o sus compromisos en estos temas hay que tomarlos a beneficio de inventario, aunque los pronunciase con ese tono que le es tan propio, y que Francisco Fernández Ordóñez definió magistralmente al decir que el entonces líder de la oposición «solemnizaba lo obvio». En ambos casos, conviene tenerlo presente para no llamarse luego a engaño.

Alimentando la crispación

Los propósitos de regeneración democrática de la vida política —por utilizar su propio lenguaje— chocaban con la manera de ejercer la oposición de los dirigentes del PP. Éstos no perdían ocasión de manifestar su preocupación por el deterioro del clima en el que se desarrollaba la vida pública y por el mal funcionamiento de algunas de las instituciones surgidas de la Transición; pero las declaraciones de intención casaban mal con sus comportamientos, muy alejados del talante moderado que se debía presumir de quienes se reclamaban del centro. El propio Aznar parecía ser consciente de esa contradicción al decir que su estilo era el propio del centrismo, «pero sin complejos, sin ningún complejo».

Las palabras de Aznar concordaban a la perfección, en este punto, con su actitud. Los ataques que se dirigieron desde las filas conservadoras hacia el PSOE, su Gobierno, y muy en particular hacia su presidente, no fueron nada edificantes ni tuvieron comparación posible con la manera de conducirse de ningún otro partido en este periodo. Rompiendo con la cortesía parlamentaria, la predisposición al diálogo y el tono comedido que caracterizó buena parte de los debates políticos de la Transición, la nueva generación que tomó el timón de AP en la campaña electoral de 1989 optó por protagonizar una etapa de crispación, descalificaciones e insultos. Efectivamente, actuaban sin complejos.

Ya durante la campaña previa a aquellas elecciones, las primeras en las que Aznar fue candidato a La Moncloa, dijeron que el Partido Socialista tenía «mafias organizadas para comprar el voto andaluz», y que la Administración no garantizaba el juego limpio electoral. En la legislatura que se inició a continuación, las acusaciones fueron subiendo de tono día a día. Cuando no se asociaban las siglas del PSOE a la corrupción, se aseguraba que el partido gobernante mantenía actitudes dictatoriales. Nadie quedaba a salvo: la administración tributaria —se decía— atentaba contra el espíritu democrático; estábamos derivando hacia un Estado policial; y muchos sectores de la sociedad civil eran acusados de venderse al PSOE. La crítica política y las descalificaciones morales se mezclaban cada vez con más desparpajo.

Quien se llevó la palma de los insultos fue Felipe González. Los portavoces del PP deslegitimaron en 1993 su triunfo electoral alegando que se debía a la financiación irregular de su partido a través de Filesa. Los casos de corrupción fueron utilizados para expandir la sospecha sobre todo lo que tuviese relación con el PSOE: sus votantes, sus apoyos sociales, las instituciones gobernadas por los socialistas... Todos ellos, lo mismo que los que mantenían cualquier relación con el Gobierno, podían ser acusados ante los tribunales, y nadie quedaba protegido por la presunción de inocencia. Las sombras se extendían sobre el conjunto de un sistema que permitía la ignominia de que la derecha se mantuviese alejada de los centros del poder político.

Tras las elecciones de 1993, el nivel de los exabruptos alcanzó límites intolerables. «Antes del PSOE había libertad», dijo uno de los portavoces del PP en mayo de 1994. Para el principal partido de la oposición, la corrupción se había convertido en un elemento omnipresente; el Partido Socialista era una secta sin valores ni principios, del que se sospechaba que no estaba dispuesto a abandonar el poder después de su más que previsible derrota electoral. El respeto a los resultados de las anteriores elecciones se perdió desde la misma noche electoral. Ahora se afirmaba sin tapujos que la crisis afectaba a los cimientos mismos del Estado, y la solución la expresó con total claridad Aznar, durante el debate sobre el estado de la nación de abril de 1994, a escasos diez meses de que los españoles hubiesen votado por última vez: «¡Váyase, señor González!». A González había «que quitarle de en medio»; su mantenimiento al frente del Gobierno, por decisión de los votantes, sometía según ellos a España «a una agonía indecorosa»; y, por descontado, no estaba «en condiciones de representar a España en la UE».

La doble vara de medir

Las críticas implacables hacia los socialistas iban acompañadas de una peculiar teoría que parecía inspirada por Benito Juárez, el político mexicano del siglo XIX autor de la famosa frase: «A los amigos, gracia y justicia; al enemigo, la ley». A la hora de depurar responsabilidades políticas, la derecha manejaba con soltura una doble vara de medir. Cuando se trataba de sus adversarios era implacable, como demostró Aznar exigiendo la dimisión inmediata de Demetrio Madrid al frente de la Junta de Castilla y León por un procesamiento que concluyó con la absolución del afectado. Por supuesto, éste nunca recibió la más mínima disculpa. Tiempo después, el propio Aznar ocupó el mismo cargo del que había dimitido Demetrio y se vio implicado en el llamado «caso de la construcción» de Burgos. Preguntado por cuál sería su reacción, se limitó a decir que iría al juicio «para pedir explicaciones». Más adelante, uno de sus principales consejeros en el Gobierno autonómico fue procesado por el Tribunal Supremo, pero el presidente no movió un músculo. Y cuando la justicia empezó a investigar irregularidades en la financiación de AP, se autoexcluyó de cualquier implicación, asegurando que no tenía responsabilidades políticas, a pesar de que Naseiro era nada menos que el tesorero nacional de la formación que él lideraba. Muchos de los implicados en aquel caso flagrante de financiación irregular de su partido —que fue sobreseído por un defecto de forma, pero cuyas evidencias son conocidas— han ocupado importantes cargos gracias a la confianza que Aznar depositó en ellos. Zaplana es uno de ellos.

Con el tiempo, esa doctrina se fue perfeccionando. Dirigiéndose a Felipe González en el Congreso de los Diputados en abril de 1994, Aznar desarrolló sus ideas al respecto: «Señale y díganos quién es el responsable de haber hecho la vista gorda (...) porque si no lo hace, y mientras no lo haga, el responsable político tendrá que ser usted. Así de sencillo (...) Usted confunde o pretende confundir culpa y responsabilidad (...) La nación reclama otra cosa, lo que los demócratas llaman responsabilidad política y que no juzga si las cosas se han hecho de buena o de mala fe (...) Y no pretenda trasladar la responsabilidad a quien no corresponda. A quienes han cometido irregularidades, podremos exigirles responsabilidades penales, pero no podemos exigirles una responsabilidad política. (...) Aquí no hemos venido a tratar de las culpas de las personas que usted nombró, sino de la responsabilidad que le alcanza a usted por lo que hayan hecho, que son cosas muy distintas».

Con la aplicación de unos criterios tan estrictos, muy pocos gobernantes podrían finalizar sus mandatos. Desde luego, ése no hubiese el caso del propio Aznar, ni de la mayoría de sus ministros y cargos de confianza. Salvo que, para los populares, las normas éticas sean distintas en función de quiénes resulten los encargados de cumplirlas y los habilitados para aplicarlas.

Junto a esas exigencias, el PP trató de erigirse en un modelo de limpieza y de transparencia. Para ello lanzó una serie de propuestas, entre las que sin duda destacaba su «código ético». Siguiendo sus postulados, los candidatos del PP debían asumir un compromiso de rigurosa dedicación a la tarea pública encomendada y presentar una declaración de bienes, que debía hacerse pública «cuando fueran requeridos para ello por el partido». También se comprometían a renunciar al escaño si abandonaban la formación por la que fueron elegidos. A tal efecto, se proponía la inclusión en los reglamentos parlamentarios de normas que asegurasen la lealtad al mandato representativo, de modo que hasta el final del mandato los tránsfugas sólo pudiesen incorporarse al Grupo Mixto. En fin, cualquier cargo público se debía comprometer a poner a disposición de su partido el puesto que desempeñara, si de la apertura de un procedimiento judicial se derivaban indicios racionales de la comisión de algún delito.

Tampoco en el caso del «código ético», que se dirigía directamente a los propios miembros del PP, han actuado de manera coherente con sus declaraciones de principio. Pero aún había de pasar algún tiempo antes de que se pudiese comprobar esa incoherencia; entre tanto, esa estrategia de oposición le rindió buenos frutos al PP. Durante el periodo 1989-1996, la derecha aumentó su presencia en diferentes sectores sociales. Parte del mérito de su conversión en una verdadera alternativa de gobierno correspondió al atractivo que algunas de sus propuestas encontraban en una ciudadanía predispuesta al cambio político, y que veía ahora en el PP la modernidad de la que carecía un Partido Socialista dividido y agotado. Pero, sin duda, los populares ganaron muchos votos por motivos que nada tenían que ver con el atractivo de sus alternativas. La fuerte subida del paro y la destrucción de cientos de miles de puestos de trabajo, consecuencia de la crisis económica surgida en 1992, castigó duramente al PSOE en términos electorales. Las críticas al Gobierno por la inestabilidad del tipo de cambio de la peseta y los desequilibrios de las cuentas públicas fueron el sustrato sobre el que el PP construyó un discurso económico en negativo, que sin embargo acabó resultando creíble.

Los nuevos aliados

El porcentaje de votos de la derecha se fue elevando de forma ininterrumpida, con la única excepción de las elecciones generales de 1993. En paralelo, se integraron progresivamente en el nuevo PP dirigentes, personalidades y grupos de afiliados procedentes de la Unión de Centro Democrático, a través del CDS o sin pasar por éste. Y mientras que sus relaciones con los partidos nacionalistas eran bastante malas, los populares fueron estableciendo, en cambio, alianzas con los grupos regionalistas que en algunas Comunidades Autónomas habían ocupado parte del espacio que quedó vacío tras el hundimiento de la UCD. El PP llegó a un pacto estable con Unión del Pueblo Navarro (UPN), formalizó candidaturas conjuntas o acuerdos poselectorales con el Partido Aragonés Regionalista (PAR) y con Unió Valenciana (UV) y ensayó sistemas de colaboración con Coalición Canaria (CC).

Algunos de sus posibles aliados les crearon algún que otro quebradero de cabeza. Tal cosa sucedió, por ejemplo, con los intentos de acercamiento a Ruiz Mateos o a Jesús Gil, que fueron denunciados públicamente, o con las relaciones tormentosas que mantuvieron con el ex presidente Juan Hormaechea en Cantabria, que tuvieron que ser restablecidas después de que ellos mismos hubiesen provocado su dimisión. Aznar rechazó de plano seguir apoyándole, declarando solemnemente que «entre la dignidad y el poder, me quedo con la dignidad sin poder»; pero luego se lo pensó mejor y volvió sobre sus pasos. Los riesgos de una estrategia consistente en la búsqueda de apoyos en todas las direcciones no procedían tan sólo de sus relaciones con algunos elementos indeseables del espectro político. También se acercaban al PP personajes poco recomendables de fuera de ese mundo. Aznar tenía ya experiencia, durante su paso por Castilla y León, en Burgos o en Zamora, de hasta dónde podían conducirle sus amistades con algunos personajes del sector de la construcción.

En los medios de comunicación, el PP estableció unos vínculos muy estrechos con el grupo de periodistas y escritores que se reunieron en torno a la AEPI, bajo la bandera de su común aversión al Gobierno socialista. Aznar, en particular, exhibió públicamente sus afinidades con algunos de sus miembros fundadores, como Pedro J. Ramírez. La admiración que sentía Aznar por Ramírez venía de antiguo. Al parecer, en 1979 —el mismo año en que el futuro presidente hacía sus pinitos como articulista de *La Nueva Rioja*— había felicitado a Pedro J. por las crónicas que éste publicaba entonces en *ABC*. Por el contrario, las relaciones con el grupo Prisa de Jesús Polanco nunca acabaron de fraguar, pese al trato amable que Aznar recibió de *El País* y de sus principales responsables en vísperas de las elecciones de 1993. Tras la inesperada derrota del PP, Polanco y sus medios fueron injustamente acusados por Aznar de haber hecho todo lo posible por impedir su acceso a La Moncloa.

La «conspiración»

Al hablar de los apoyos recibidos por el PP en los años anteriores a su llegada al Gobierno es obligado incluir una referencia a la tan traída y llevada «conspiración». El primero que habló de ella fue José Luis de Vilallonga. En un artículo publicado en *La Vanguardia* el 22 de agosto de 1994, Vilallonga aseguraba haber recibido información acerca de «la existencia de una confabulación que pretende desestabilizar al Gobierno, provocar la abdicación del Rey y proclamar una república de la cual sería presidente el ex notario y hombre de negocios Antonio García Trevijano». Más adelante añadía: «Me dicen que Luis María Anson se lo toma muy en serio. La operación se llevaría a cabo por etapas. Primero se desestabilizaría a Felipe González en sus horas más bajas».

El anuncio parecía más bien salido de la imaginación de quienes habían transmitido a Vilallonga tal historia, en medio de la clásica sequía informativa provocada por las vacaciones de verano. Pero cuando el gobierno Aznar se encaminaba hacia la celebración de su segundo aniversario, en febrero de 1998, Anson descubrió algunas de las cartas del juego que se había estado desarrollando en los años anteriores. En unas sonadas declaraciones concedidas a la revista *Tiempo*, el periodista afirmó: «Había que terminar con Felipe González, ésa era la cuestión. Al subir el listón de la crítica se llegó a tal extremo que en muchos momentos se rozó la estabilidad del propio Estado. (...) Tenía razón González cuando denunció ese peligro... Pero era la única forma de sacarlo de ahí». «Fue una operación de acoso y derribo», en la que Anson afirmaba que habían estado implicados el PP, algunos medios financieros y algunos medios de comunicación. «... No es una operación sólo periodística, ni siquiera fundamentalmente periodística; es una operación naturalmente del partido de la oposición, de otros partidos políticos, se extendió a algunos medios financieros, a algunos periódicos (...)». Así se las gastaban algunos en aquellos años; y los populares parecían estar al cabo de la calle en ese tipo de operaciones, frontalmente reñidas con los usos y costumbres admisibles en democracia.

Desde el PP no se dio una respuesta precisa a estas graves acusaciones. Ángel Acebes, entonces secretario general del partido, declaró que su formación estaba fuera de la polémica. Falso. El vicepresidente del Gobierno Francisco Álvarez Cascos, que había estado implicado en un oscuro proceso de conversaciones con algunos de los ex policías condenados por los crímenes del GAL en presencia de Pedro J., fue sin embargo más prudente, y no quiso comprometerse demasiado al ser preguntado por su opinión ante las revelaciones de Anson: «Cada cosa a su tiempo. Cuando llegue el momento, hablaré». Todavía no parece que ese momento haya llegado.

Por fin, en el Gobierno

Con sus virtudes y méritos, pero también con sus carencias, Aznar y el PP llegaron por fin al Gobierno. El coste que tuvo que pagar la derecha para recibir el apoyo de los nacionalistas, que habían mantenido hasta entonces unas relaciones fluidas con el PSOE, fue probablemente mayor que el que tuvo que pagar Felipe González en 1993. Pero el PP no tenía otra alternativa que recabar su apoyo, lo que le obligó a moderar muchas de sus posiciones anteriores, contribuyendo a limar sus perfiles más ariscos.

Por primera vez, los representantes auténticos de la derecha política iban a gobernar provistos de la legitimidad surgida de las urnas. Se encontraban con un país deseoso de que la vida política erradicase cuanto antes la crispación y los tonos desabridos que se habían impuesto en los últimos años. Por supuesto, también le esperaban una lista de problemas pendientes. Había que conseguir entrar en el euro cumpliendo los requisitos fijados por el Tratado de Maastricht. La reforma educativa estaba a medio implantar. La utilización de las nuevas tecnologías requería de un gran impulso, lo mismo que la modernización de muchos sectores productivos. Empezábamos a ser un país de inmigración, y había que preparar nuestra legislación y nuestras actitudes cívicas para estar a la altura de ese desafío. Y por supuesto, dada la naturaleza de los apoyos parlamentarios del nuevo Gobierno, había que confiar en que la política autonómica se condujese en un marco de consenso, incorporando a los nacionalistas de manera activa al progresivo desarrollo de la idea de España emanada de la Constitución. Empezaba una nueva etapa de la democracia española, de la que el PP tendría que dar cuentas en su día, como primer responsable de lo que fuese a suceder en los años por venir.

Capítulo III

Hacia una democracia de segunda división

Los dirigentes del PP anunciaron que el nuevo ciclo abierto tras su victoria en las elecciones de 1996 era el comienzo de una fase de «regeneración», «renovación» y de «modernización». Su ambición coincidía con los deseos de muchos ciudadanos, hastiados por los escándalos y la crispación que esos mismos dirigentes habían atizado con todas sus energías. Ahora, una vez derrotado el PSOE, Aznar debía cambiar el diapasón y acometer, en un clima más apaciguado, las reformas que no se habían llevado a cabo en la legislatura anterior, para afrontar los nuevos problemas surgidos una vez finalizada la Transición. Ésta definió en su momento el marco institucional de nuestra democracia; ahora debían corregirse las disfunciones que se habían hecho notar especialmente durante las tensiones políticas de los últimos años.

Las reformas incluidas en el programa electoral de los populares cubrían distintos ámbitos. Una de las más urgentes era, sin duda, la reforma del Senado para convertirlo en una cámara de representación territorial. También se venía hablando durante las últimas legislaturas de la reforma del reglamento del Congreso, necesaria para que el Parlamento cumpliese sus funciones con más eficacia y dinamismo. Otras dos piezas claves del funcionamiento de la democracia —la financiación de los partidos y el sistema electoral— necesitaban actualizar algunos extremos de su regulación. Lo mismo que sucedía con el Tribunal de Cuentas, o con los mecanismos de seguimiento y control presupuestario de las cámaras legislativas. Y en sus últimos cuatro años en la oposición, el PP había exigido con mucha insistencia la reforma del Estatuto de RTVE —aprobado en 1980— así como algunos cambios importantes en el Ministerio Fiscal y en el Consejo General del Poder Judicial.

Se planteaba, por tanto, la casi completa actualización de las piezas que condicionaban el equilibrio entre los poderes del Estado y la práctica del pluralismo. Junto a ello, era patente la necesidad de que se abriese camino otra forma de hacer política. La sociedad española había madurado mucho en dos décadas de ejercicio de las libertades. Sus niveles de formación y de experiencia política eran muy superiores a los existentes cuando se definieron las reglas del juego vigentes. El proceso de modernización había sido muy intenso, tanto en el funcionamiento del sistema productivo como en las pautas de comportamientos sociales e individuales. El clientelismo y el paternalismo contaban con un rechazo cada vez mayor; muchos ciudadanos, sobre todo en las ciudades y áreas metropolitanas, aspiraban a gozar de más autonomía respecto de los poderes públicos y exigían servicios públicos eficientes y de calidad, a cambio de su esfuerzo fiscal. El entramado de organizaciones no gubernamentales y movimientos sociales había crecido mucho, y pedía más capacidad de diálogo por parte de las autoridades y la apertura de cauces reales de participación.

Ocho años después, los gobiernos del PP no sólo no han hecho nada en este terreno, sino que hemos retrocedido en muchos aspectos. Y en algunos de ellos, de manera muy preocupante. A pesar de las fuertes expectativas que los populares se habían encargado de crear sobre su capacidad para regenerar y revitalizar la democracia, los incumplimientos son, aquí, flagrantes. No sólo no se ha reformado el Senado, sino que es utilizado para torpedear el procedimiento legislativo previsto en la Constitución, y su papel en los asuntos territoriales es próximo a cero. No se ha vuelto a celebrar el debate sobre el estado de las autonomías —obligado según su reglamento— y el Gobierno se ha negado a explorar siquiera los cambios que aconsejan la inmensa mayoría de los expertos. Por supuesto, el PP no quiere ni oír hablar de una medida incluida en su programa electoral para 1996, como es el cambio del Título III de la Constitución para que los senadores pasen a representar directamente a sus respectivas comunidades autónomas.

Tampoco se ha abordado la reforma del reglamento del Congreso de los Diputados. El actual data de 1982; por lo tanto entró en vigor cuando aún gobernaba la UCD. Su regulación del funcionamiento de la Cámara y del papel de los grupos parlamentarios ahoga la posibilidad de que los debates sean vivos e interesen a los ciudadanos y a los propios diputados. Nuestro legislativo languidece, falto de recursos y de atención. El gobierno del PP, sobre todo a partir de su mayoría absoluta, ha impuesto sus criterios de manera implacable, y ha reducido al papel de simples ejecutores de sus consignas a los dos presidentes del Congreso: Federico Trillo primero, y Luisa Fernanda Rudi después. Y con un Parlamento venido a menos, la democracia se deteriora.

Ni siquiera el poder judicial ha sido capaz en todas las ocasiones de preservar su independencia. Sus máximos responsables han caído bajo el ámbito de influencia del Gobierno siempre que éste lo ha querido. Y como suele suceder, el grado de politización de la justicia ha aumentado en la misma medida en que lo hacían las presiones descaradas del Gobierno sobre sus órganos de gobierno o sobre la resolución de determinados asuntos. El Tribunal Constitucional, que hasta 1996 había quedado al margen de las presiones políticas o mediáticas, está ahora sometido a embates similares a los ya habituales cada vez que el Tribunal Supremo o la Audiencia Nacional tienen entre sus manos algún asunto en el que los intereses del Gobierno y de su partido pueden sufrir menoscabo. La Fiscalía General del Estado, pieza clave para dominar a la Justicia desde el Ejecutivo, ha sido acusada con toda la razón de actuar como si fuese el despacho de los abogados defensores del Gobierno.

Los organismos reguladores del funcionamiento de los mercados también han aceptado someterse a lo ordenado desde La Moncloa o desde la Vicepresidencia económica. Y, por supuesto, los medios de comunicación de titularidad pública, y los que siendo privados pertenecen a algunas de las empresas teledirigidas desde las instancias del Gobierno, han manipulado la información hasta límites desconocidos en nuestra democracia.

Lo más preocupante no es, sin embargo, que las reformas anunciadas en estos campos sigan pendientes. Ni siquiera lo es el que se hayan frustrado las expectativas de quienes pensaron que con la alternancia producida en 1996 se abría una etapa de revitalización de la vida política y mejoraría el funcionamiento de la democracia. Lo que ha sucedido es aún peor. Porque en estos ocho años de gobierno del PP los problemas que estaban abiertos entonces, se han emponzoñado y agravado. El final del mandato de Aznar coincide con un profundo deterioro de la calidad de nuestra democracia.

Por muchas razones. En primer lugar, el PP no ha demostrado ninguna voluntad política de llevar a la práctica sus promesas, a pesar de su holgada mayoría parlamentaria. Al mismo tiempo, los valores que han impregnado su acción de gobierno revelan una lectura medrosa y a veces reaccionaria del proyecto democrático sobre el que se sustenta nuestra Constitución. En tercer lugar, ha ejercido el poder recibido de las urnas de manera autoritaria, descalificando a sus adversarios y limitando el espacio del pluralismo político. Y por último, ha procurado que los espacios de diálogo y los cauces de participación sean bastante más restringidos que cuando ellos llegaron al Gobierno.

Quienes decían, en la primera mitad de los noventa, que venían a salvar la democracia, le han acabado asestando en estos años un golpe muy duro. Visto el panorama, cuando el PP vuelva a la oposición habrá que poner en marcha —ahora sí— algo parecido a una «segunda transición», para rehacer lo que su paso por el poder ha destruido.

LA APROPIACIÓN DE LA CONSTITUCIÓN

Lo primero que habrá que hacer es volver a recuperar la Constitución para todos los españoles, sea cual sea su posición política. Porque en estos años, sobre todo a partir de 2000, no sólo se ha producido una interpretación conservadora de sus preceptos. Se ha ido más lejos. El PP ha protagonizado un claro intento de apropiación en exclusiva de nuestra Carta Magna. Ha recurrido, cada vez con más frecuencia, a calificar de anticonstitucionales las posiciones de los demás —fuesen nacionalistas, socialistas o IU quienes las expresasen— arrogándose la facultad de interpretar con sus solos criterios la Constitución. Ha ejercido, además, presiones descaradas sobre quien tiene asignada en exclusiva esa función trascendental: el Tribunal Constitucional. Y ha decretado que cualquier propuesta de modificación del texto constitucional debe, por definición, ser rechazada. Aunque se trate de reformas que ellos mismos habían incluido en su programa electoral, como es el caso del Senado. Hasta alguien tan poco sospechoso de albergar alegrías autonomistas como Fraga, ha salido a la palestra para disentir de los portavoces de su partido.

Los últimos en llegar al espacio constitucional —después de años de recelos y de desconfianza hacia él— son quienes han decidido apropiárselo. Para ello, se han dedicado a señalar con un dedo acusador a quienes fueron sus autores. Los esfuerzos que éstos realizaron en su día para acercar posiciones hasta entonces irreconciliables a través del diálogo contrastan con la intolerancia de los nuevos conversos. Vivimos una situación paradójica: mientras muchos de los que participaron más activamente en la elaboración de la Constitución piensan ahora que la mejor manera de servirla es proponer algunas reformas sugeridas por la experiencia, o por los cambios que han acaecido desde entonces, los que en aquel tiempo se opusieron a ella se aferran a su letra y se niegan a alterar una sola coma del texto aprobado en 1978.

La Constitución, cuyo mayor éxito fue el amplísimo acuerdo que fue capaz de concitar alrededor de sus preceptos, está siendo utilizada por el PP como un arma arrojadiza, por razones estrictamente partidistas. Y de qué manera. Zarandeados en sus manos, hay aspectos de la Constitución que se vuelven irreconocibles. Por ejemplo, los propios rasgos distintivos de la condición de español. En los últimos tiempos, han vuelto a existir en el lenguaje oficial los buenos y los malos patriotas. De nuevo hay quienes se envuelven en la bandera de España, en nombre de una supuesta patria ideada a su imagen y semejanza. Y cunde la sensación —casi olvidada— de que otra vez hay españoles de primera y de segunda categoría, en función de cuáles sean sus ideas, en qué territorio vivan o cuáles sean sus amistades y sus influencias. Puestas así las cosas, cuando desde el mismo PP que genera ese clima irrespirable se hacen a continuación llamadas al consenso, lo más lógico es ver en ellas una simple añagaza para imponer a los demás sus propias posiciones.

Los nacionalistas han sido los primeros destinatarios de esas descalificaciones excluyentes. A partir del momento en que sus votos ya no eran necesarios para completar la mayoría parlamentaria, Aznar y los demás portavoces del PP han mezclado conscientemente sus legítimas críticas hacia las posiciones de sus antiguos socios con juicios descalificatorios del nacionalismo como tal, dando la impresión de querer situar a sus partidarios fuera del pluralismo político amparado por la Constitución.

La misma operación se ha llevado a cabo contra la izquierda. Cada vez que el PSOE —por no hablar de los «comunistas» de Izquierda Unida— ha sostenido posturas que no coinciden al ciento por ciento con las posiciones del Gobierno en materia autonómica, se ha cuestionado su compromiso con la Constitución, y se le ha acusado de deslealtad. Cada vez que se menciona la palabra «federalismo», se afirma que ese tipo de propuestas ponen en riesgo la unidad de España, situándolas extramuros del espacio constitucional. Tras las últimas elecciones catalanas, en noviembre de 2003, hemos tenido una muestra más de esa manera de actuar por parte de los populares. Las descalificaciones a Maragall, a sus socios de gobierno, a los votantes que apoyaron la alternancia en Cataluña, a Zapatero y al PSOE han superado todos los límites imaginables. Zaplana, portavoz del Gobierno, ha llegado a sugerir que el nuevo presidente de la Generalitat podría incurrir en supuestos para los que se contemplan penas de cárcel en la última —y desgraciada— reforma del Código Penal, ¡por proponer una reforma del Estatuto de autonomía escrupulosamente respetuosa con la legalidad! Otro ejemplo —¿el último?— de la histeria con la que reacciona el PP en estos temas lo hemos tenido con ocasión del anuncio de que el programa electoral del PSOE para el 2004 plantea que los Tribunales Superiores de Justicia autonómicos sean la última instancia judicial, y que el Tribunal Supremo se dedique a unificar doctrina mediante la resolución de los recursos de casación. Una idea similar había sido formulada por el propio Tribunal Supremo y el Consejo General del Poder Judicial en un informe que presentaron en el año 2000 al ministro de Justicia de la época, Ángel Acebes, sin que se levantase ninguna polvareda. Esta vez, sin embargo, Aznar fue el primero en disparar la artillería —en plena Pascua militar— diciendo que la propuesta socialista rompía «el esqueleto del Estado».

En ese clima, no es de extrañar que la mayoría de los actos de conmemoración del vigésimo quinto aniversario de la aprobación de la Constitución se hayan celebrado con bastante pena, y muy poca gloria. Ni siquiera en esos momentos, cuando en los discursos, en las publicaciones y en los medios de comunicación se volvía a hablar de las virtudes del consenso y aparecían de nuevo públicamente algunos de los protagonistas de aquella época, se contuvo la voracidad del PP. Por aquellos días, en un mismo informativo de televisión pudo verse a miembros del Gobierno acusando de inconstitucionalidad cualquier opinión que, simplemente, se atreviese a disentir de su política, y a ese mismo Gobierno copando la primera fila de los fastos organizados para celebrar el primer cuarto de siglo del texto que mejor representa el consenso, la defensa del pluralismo y la reconciliación entre los españoles.

El PP quiere convertir la Constitución de todos en un objeto de su propiedad. Pretende erigirse en su único intérprete, usurpando las funciones encomendadas al Tribunal Constitucional. Menos mal que frente a las acusaciones de inconstitucionalidad salidas de labios de los miembros del Gobierno y del PP, cuya enumeración sería interminable, las sentencias del alto tribunal acaban poniendo a cada uno en su sitio. En estos años, ya han propinado al gobierno Aznar algunos sonoros varapalos. Quizá por eso el PP ha puesto tanto empeño en utilizar su mayoría absoluta para vigilar los nombramientos de magistrados del TC, incluso los que corresponden a otros poderes del Estado, para contar en ese órgano con una sólida mayoría afín a sus intereses y a su visión de lo que significa el mandato constitucional.

Si no se modifica pronto la actitud de los populares, se corre un alto riesgo de desnaturalizar la democracia, tal y como la hemos vivido desde 1978. Porque con independencia de cuál de los dos principales partidos de ámbito nacional tenga mayoría en el Parlamento y lidere el Gobierno, mientras los representantes de la derecha persistan en esa lectura pacata e inflexible de la Constitución, el consenso necesario para su desarrollo y su adaptación a los nuevos tiempos será imposible, y el espacio para la expresión del pluralismo de la sociedad irá quedando reducido a su mínima expresión. Dicho de otro modo, la negativa del PP a cualquier reforma de los preceptos constitucionales, y su sectarismo, pueden provocar una progresiva petrificación de la Carta Magna. Y todo texto jurídico —la Constitución, entre otras cosas, no deja además de ser una ley— que no es capaz de adaptarse, acaba por ser inservible.

En su Congreso de enero de 2000, el PP convirtió al «patriotismo constitucional» en uno de los temas estrella de sus debates. Jürgen Habermas, su creador, nunca habría podido imaginar que esa reflexión teórica acabaría siendo adoptada un día por los representantes de la derecha española. En su origen, lo que Habermas pretendía con ella era dotar a Alemania de una identidad colectiva alejada del nacionalismo cultural, que tantos males había acarreado a su país en la historia reciente. Sirviéndose de ese concepto, trató de explorar también los fundamentos sobre los que debe articularse la solidaridad de los ciudadanos que viven en sociedades plurales desde el punto de vista identitario, evitando que la cultura u otros sentimientos mayoritarios se impongan al resto. Más recientemente, Habermas ha intentado encontrar por esa vía un sustrato de legitimidad común a las instituciones de la Unión Europea.

En España, la visión del filósofo alemán fue importada primero por algunos socialistas como Juan José Laborda, que intentó utilizarla como una herramienta para dotar a la idea de España de unas bases distintas de las propias de los nacionalismos de uno u otro signo. Desde ese punto de vista, dicha visión está íntimamente relacionada con la apuesta por el federalismo como hilo conductor del desarrollo autonómico y con una visión europeísta ambiciosa. Pero cuando el PP maneja este concepto no se sitúa en la misma longitud de onda. Vista su actitud, a lo que estamos asistiendo es más bien a la reaparición del rancio patriotismo excluyente, enarbolado desde el siglo XIX por los sectores más conservadores del pensamiento político español. El sustantivo, para ellos, es el «patriotismo», entendido a la vieja usanza. Y en manos de la derecha, lo «constitucional» es un adjetivo que desprende un aroma muy distinto al que rodeó la aprobación de la Constitución de 1978.

La mayoría, contra el Parlamento

Si lo que quería el PP, a partir de su mayoría, era convertir al Parlamento en el centro de la vida política, ha cosechado un sonoro fracaso. Aznar ha formulado muchas veces ese deseo. Cuando aún estaba en la oposición, y también una vez elegido presidente del Gobierno. El programa electoral con el que se presentó a las elecciones de 1996 prometía algo que, en las declaraciones del líder del PP, ya se había convertido en la auténtica piedra de toque de su voluntad de proceder a la revitalización del Parlamento: facilitar las comisiones de investigación. Pero al llegar al Gobierno, los populares no sólo no lo hicieron, sino que vieron las cosas de otra manera muy diferente y pronto empezaron a menospreciar al Congreso de los Diputados.

Durante sus ocho primeros meses al frente del Ejecutivo, no encontraron el momento de enviar para su debate un proyecto de Presupuestos Generales del Estado, y gobernaron merced a la prórroga de 1995 aprobada antes de las elecciones. 1996 ha sido el único año del actual periodo democrático en el que las Cortes Generales no han debatido y aprobado un Presupuesto. Lo que no fue obstáculo para que, sólo un mes después de tomar posesión, el Gobierno aprobase por Real Decreto-Ley un amplio paquete de medidas económicas, sin que existiesen las razones de «extraordinaria y urgente necesidad» de que habla la Constitución para autorizar el empleo de ese instrumento. En su libro sobre la «segunda transición», escrito dos años antes, Aznar afirmaba que «si se abusa del Decreto-Ley, se están mermando las facultades del Parlamento». Como gobernante, no tardó mucho tiempo en llevar la contraria a sus propias convicciones.

A partir de ese preámbulo, los peores presagios se han ido confirmando a lo largo de dos legislaturas. Por supuesto, la mayoría del PP ha frenado cualquier iniciativa encaminada a la aprobación de un nuevo Reglamento del Congreso, que sustituyese al aprobado hace más de veinte años. Con lo cual, todas las posibles mejoras en el funcionamiento del Parlamento han quedado aplazadas. El profesor Francisco Laporta publicó a finales de 2003 en el diario *El País* un artículo titulado «La degradación de las Cortes Generales», que acierta de lleno al denunciar la situación en la que se encuentran nuestras cámaras legislativas. En él afirma que «la actividad legisladora (...) es actualmente un fraude sin paliativos. Allí, ni se estudia, ni se delibera, ni se debate nada. La hegemonía del Partido Popular lo impide siempre. La mayoría de los proyectos se llevan a la vía de urgencia, viniendo a resultar así que la media de discusión de cada uno de sus artículos no pasa de los cincuenta segundos, los antecedentes para pronunciarse sobre ellos han acabado en puro formulismo, y a veces tampoco aparece por ningún lado la memoria económica». Cualquiera que haya participado en los trabajos del Parlamento, o que los haya seguido de cerca, sabe que el articulista describe la realidad tal cual es, sin exageración alguna.

En los días en que Laporta publicó su artículo, un ejemplo ilustró acerca del desprecio con el que el Gobierno del PP ha tratado a ambas Cámaras. Aprovechando la segunda lectura de un proyecto de ley sobre Arbitraje, el Consejo de Ministros acordó que el grupo popular presentase en el Senado unas enmiendas, proponiendo modificar el Código Penal para tipificar como nuevos delitos varias de las conductas llevadas a cabo o anunciadas por el *lehendakari* y por el presidente del Parlamento vasco, en relación con el «Plan Ibarretxe» y la percepción de ayudas económicas por parte de la ilegalizada Batasuna respectivamente. Dejando aparte la manera compulsiva con la que se trata de manejar el ordenamiento penal, a la que me referiré luego, hay varias cuestiones escandalosas en la manera en la que ha actuado el Ejecutivo. De una parte, el hecho de que sea el portavoz del Gobierno, a la salida del Consejo de Ministros, quien anuncie formalmente las modificaciones que el Parlamento debe hacer a sus propios proyectos de ley. Por lo menos, se deberían guardar las apariencias. Pero lo que aún es más grave es que se utilice torticeramente al Senado para burlar la capacidad de los demás grupos políticos para enmendar la propuesta del Gobierno, y que se viole la previsión constitucional que encarga al Congreso de los Diputados la primera lectura de cualquier proyecto de ley. La Constitución, que el PP dice defender como nadie y frente a todos, se quiebra así de forma flagrante.

Algo que también sucede año tras año durante la tramitación de los Presupuestos del Estado, que tiene lugar obligatoriamente entre el 1 de octubre y el 31 de diciembre. Siguiendo ese mismo calendario específico, y aunque el Tribunal Constitucional se ha opuesto explícitamente a que el debate presupuestario sirva de coartada para modificar leyes sustantivas, las Cámaras deben deglutir y aprobar el proyecto de ley de «acompañamiento» enviado por el Gobierno, que suele incorporar modificaciones de varias decenas de leyes. A veces, incluso, se han alterado algunas de ellas antes de su entrada en vigor. Normalmente, y para cargar aún más la suerte, se utiliza el paso de este bodrio legislativo por el Senado para añadir, vía enmiendas, más cambios legales que ni siquiera puede ser conocidos por los diputados. La falta de respeto a la Cámara alta es de tal magnitud, que en el último debate presupuestario se le ha llegado a imponer que el debate en Comisión del conjunto de los Presupuestos tenga lugar en una sola sesión matutina. De este comportamiento del Gobierno y de su mayoría parlamentaria, se pueden deducir algunas de las razones por las que los populares no han querido modificar ni una sola coma del Reglamento del Congreso, ni las funciones actuales del Senado. Han descubierto la manera de abusar de ambas Cámaras hasta llegar a practicar de hecho un modo de gobernar con poderes excepcionales que no está previsto en nuestro ordenamiento jurídico.

¿Quién defiende al Parlamento de estas agresiones? Volviendo al artículo de Francisco Laporta, éste responde señalando quiénes no lo defienden. «A nadie parece importarle mucho [el deterioro del Parlamento]: ni a los jueces, ni a los juristas del país, ni a los propios letrados de las Cortes. Y mucho menos a las autoridades de las Cámaras, que están, desgraciadamente, en el mismo juego que sus mandantes. Los presidentes de ambas son el arquetipo de lo que no debe ser un presidente. Ni siquiera han intentado acercarse a la orilla de virtudes tales como la neutralidad, la flexibilidad o la tolerancia», afirma. No creo que haya que corregir ni una coma de ese juicio, por severo que sea. Ni tampoco pienso que una frase similar hubiese podido ser escrita cuando los presidentes del Congreso eran Landelino Lavilla, Gregorio Peces-Barba o Félix Pons.

No se trata sólo de denunciar el uso perverso que ha hecho el Gobierno, apoyado en su mayoría absoluta, del trámite legislativo. Junto a la función de elaborar las leyes, el Parlamento tiene encomendada otra función crucial para la vida democrática: el control del poder ejecutivo. Las preguntas orales en el Pleno del Congreso, cada miércoles, son su momento estelar. Aznar ha exhibido muchas veces con orgullo unas estadísticas que atestiguan que él y sus ministros han batido récords en cuanto al número de preguntas respondidas por esa vía. Pero se trata de una verdad a medias. Por un lado, porque a diferencia de lo que sucedía antes, el grupo popular se ha aprovechado semana tras semana de las prerrogativas que le otorga el actual Reglamento, y ha cubierto al ciento por ciento el cupo de preguntas que éste le permite en razón de su número de diputados. Así, la mitad de las respuestas del Gobierno están provocadas por preguntas de sus parlamentarios, que lógicamente no sólo no tienen intención de poner en dificultades a sus compañeros de partido, sino que se dedican a glosar su gestión en términos encomiásticos. Y lo que es mucho más grave, cuando llega el turno a la oposición, las intervenciones de Aznar y de sus ministros se han convertido en magníficos ejemplos del «método Ollendorf» —no respondiendo a la cuestión que se les formula—, o consisten en puros ataques al diputado que les interpela y a su partido. Como el Reglamento deja siempre al Gobierno la última palabra en los debates, el sistema es bien simple: hasta que no llega ese turno, el Gobierno esquiva su respuesta dando largas, y cuando la oposición ya no tiene más posibilidad de hablar, el Ejecutivo descarga toda su munición. Con esta perversión del sistema, es la oposición quien acaba siendo controlada y puesta a la defensiva.

Otro mecanismo de control parlamentario, de carácter extraordinario, son las Comisiones de Investigación. Durante su etapa en la oposición, Aznar repitió hasta la saciedad que en cuanto tuviese votos suficientes, impulsaría una modificación del Reglamento del Congreso para que las minorías pudiesen impulsar Comisiones de Investigación sin que la mayoría pudiese bloquear tal iniciativa. Así se había hecho en Castilla y León bajo su presidencia, y así prometía hacerlo en la Carrera de San Jerónimo. Cuantas veces expresaba su voluntad de convertir al Parlamento en «el centro de la vida política», acudía a este ejemplo como la demostración de su compromiso. Pero la realidad es, en este caso, aún más cruda que en el de las preguntas orales. Para responder a éstas, el Gobierno debe al menos acudir a la Cámara, aunque no responda a la cuestión. En cambio, los populares se han opuesto rotundamente a la simple constitución de Comisiones de Investigación en casos tan flagrantes como el del *Prestige* o la guerra de Irak, o las han boicoteado a conciencia, como sucedió con las creadas en torno al «caso Gescartera» o al fraude de las ayudas al cultivo del lino.

En las demás funciones de control, la situación no es mejor. El Tribunal Constitucional dio la razón a la oposición cuando solicitó su amparo tras la negativa de la mayoría parlamentaria a permitir la comparecencia de los antiguos presidentes de las empresas públicas privatizadas, o de otras autoridades. La documentación que se pone a disposición de los parlamentarios no permite en muchas ocasiones que ejerzan sus funciones en condiciones razonables. Eso, por no hablar de la falta de medios humanos y materiales de nuestras Cámaras. Al margen de los letrados de las Cortes —juristas, como es obvio— prácticamente no existe una administración parlamentaria capaz de dar apoyo técnico a los diputados o al trabajo de las comisiones. Cada vez que se establecen términos de comparación con la situación de los Parlamentos de otros países democráticos, las conclusiones nos hacen saltar los colores. Estamos en la cola de todos ellos, tanto por la inexistencia de mecanismos para controlar eficazmente al Gobierno o para evaluar la ejecución de los Presupuestos, como en cuanto a disponibilidad de equipos de asesoramiento técnico o de otros instrumentos que permitan desarrollar las labores propias de un representante electo con un mínimo de dignidad.

En cuanto al Senado, su reforma es tan obvia como inaplazable. En su configuración actual, el valor que añade la segunda Cámara al procedimiento de aprobación de las leyes es mínimo. Como hemos visto, más bien se utiliza por el Gobierno y su mayoría para esquivar al Congreso en la tramitación de muchas leyes, introduciendo de tapadillo enmiendas que no desean debatir con luz y taquígrafos. Negándose a su reforma para convertir al Senado en una Cámara de representación territorial, el PP reniega de sus propuestas de antaño —hasta el programa electoral de 1996— justo en el momento en que su necesidad se hace más patente. El «Plan Ibarretxe», las demandas de la nueva mayoría gobernante en Cataluña para reformar el modelo de financiación vigente, la coordinación del Sistema Nacional de Salud después de las transferencias, el Plan Hidrológico, la representación autonómica en las instancias europeas...: se acumulan los asuntos que exigirían un debate en profundidad en una Cámara en la que estuviesen representadas directamente todas las autonomías, para que dialogasen entre ellas y con el Gobierno, en términos sosegados y mediante procedimientos reglados y transparentes.

La justicia y el fiscal

Tampoco han ido bien las cosas en otro de los poderes del Estado: la justicia. En su etapa de oposición, abundaban las declaraciones de los portavoces de la derecha cuestionando la independencia del poder judicial respecto de los gobiernos del PSOE. Pero en contradicción con sus propias declaraciones de intención, los populares tomaron parte activa de un proceso acelerado de judicialización de la vida pública. Sus furibundos ataques al gobierno de Felipe González no sólo tenían como escenario el Parlamento o los medios de comunicación, sino que se trasladaban con asiduidad a los tribunales, en forma de querellas promovidas por los principales portavoces de la derecha.

Como era de esperar, la ubicación del debate político en las instancias judiciales condujo a la politización de las mismas. En la medida en que los jueces y magistrados de la Audiencia Nacional o del Tribunal Supremo, y los fiscales correspondientes, tenían que encargarse de dilucidar asuntos propios de la confrontación política, se vieron abocados a tomar partido. Es decir, a politizarse. Con ello, quedaban incapacitados para impartir resoluciones desde la independencia y la imparcialidad. La Sala Segunda del Supremo, los jueces de instrucción de la Audiencia Nacional o el fiscal general ocupaban diariamente las secciones políticas de los periódicos, y eso no obedecía a la casualidad.

El Partido Popular jugaba ese juego con pasión, al tiempo que incorporaba a su discurso programático la necesidad de asegurar la «profesionalidad e independencia» de los jueces y magistrados, para lo que ofrecía como solución mágica la elección corporativa de todos los miembros del Consejo General del Poder Judicial. También reclamaba la autonomía del Ministerio Fiscal respecto de la esfera política. En este caso, su fórmula consistía en nombrar a un fiscal de carrera al frente de la Fiscalía General del Estado. En lo referente al funcionamiento de la justicia, el PP proponía reformar la legislación procesal.

Una vez que tomaron posesión del Gobierno, y como era de temer, la realidad ha transcurrido por los derroteros marcados por el comportamiento del PP en los años anteriores, y no por los apuntados en sus afirmaciones de principio, bien distintos. La Fiscalía General del Estado, tanto durante el periodo de Juan Ortiz Úrculo como en los años en los que ha desempeñado el cargo Jesús Cardenal, ha quedado convertida en un mero apéndice de las decisiones adoptadas por el Gobierno. Cada vez que un ministro ha tenido algún problema con la justicia —como ha sucedido con Josep Piqué o con Jaume Matas— el fiscal general ha acudido solícito en su auxilio para evitar que pudiese ser acusado ante el Tribunal Supremo. Cuando el Ejecutivo necesitaba ayuda para evitar que Pinochet fuese extraditado a España, ha encontrado el apoyo del Ministerio Fiscal, aunque para ello tuviese que argumentar que el dictador chileno había actuado de la forma antidemocrática en que lo hizo para proteger a sus ciudadanos. Y en la «guerra digital», la Fiscalía ha actuado como la punta de lanza de las *vendettas* decididas en La Moncloa.

Como muchos fiscales se han quejado repetidas veces de la falta de apoyo de sus superiores para seguir adelante con sus investigaciones, la reforma legal aprobada por el PP ha tratado de cortar las alas a los más díscolos. Gracias a ella, Cardenal consiguió desplazar a algunos personajes «incómodos» para el PP, como el jefe de la Fiscalía Anticorrupción Carlos Jiménez Villarejo, o el fiscal-jefe de Madrid, Mariano Fernández Bermejo.

Durante la primera legislatura, el margen de maniobra del Gobierno en el Parlamento no le permitió llevar al BOE algunos de sus compromisos programáticos más preocupantes. Los nacionalistas no secundaron su propuesta de elección de los consejeros del CGPJ, y el proyecto presentado por el Ejecutivo cayó derrotado, lo que llevó a que concentrase sus esfuerzos en las reformas de algunas leyes procesales. La Ley de la Jurisdicción Contencioso-administrativa fue aprobada con facilidad, mientras que la nueva regulación procesal civil encontró, antes de llegar al BOE, mucha oposición por parte de los Colegios de Abogados, además del voto en contra de los partidos políticos de la izquierda. También se modificaron en esa legislatura algunos artículos del Código Penal de 1995. De todos modos, en los discursos e intervenciones de Aznar su preocupación prioritaria era, en teoría, la insatisfacción de los ciudadanos con el funcionamiento de la administración de justicia. Por eso, además de las nuevas leyes procesales, el ejecutivo apoyó la elaboración del Libro Blanco de la Justicia acometida desde el CGPJ, y se comprometió a dotar los créditos presupuestarios precisos para su puesta en práctica.

Junto a todo ello, los tribunales siguieron recibiendo, no obstante, algunos encargos políticamente envenenados. Uno de ellos hizo subir las escaleras que conducen a la Audiencia Nacional a los máximos responsables de la empresa de televisión privada liderada por Jesús Polanco, en lo que se interpretó con razón como una operación de castigo dirigida contra el empresario, por resistirse a las orientaciones del Gobierno en materia de medios de comunicación. El asunto acabó con el sobreseimiento de las actuaciones, y con el ex juez

Gómez de Liaño condenado por prevaricación. Aunque más adelante, agradeciendo su labor, el Consejo de Ministros le concedió el indulto.

A partir de las elecciones de 2000, la estrategia del PP varió. Por una parte, el Gobierno se tuvo que enfrentar a un aumento veloz de la inseguridad ciudadana. Y por otra, ya no necesitaban a su lado a los socios políticos que, a cambio de su apoyo, habían moderado las tendencias naturales de la derecha en este terreno. Desde la oposición se optó por el diálogo. El Pacto por la Justicia, suscrito por el Gobierno con el PSOE y apoyado por otros partidos en los primeros tramos de la segunda legislatura, pretendía establecer algunos puntos de actuación consensuados en este campo, paliando así la tentación del Gobierno de imponer su programa, a través de la mayoría absoluta. Además, todos los grupos querían ayudar a mejorar la situación de la administración de justicia, dotándola de mayores recursos y agilizando algunos de sus procedimientos.

Pronto el Pacto quedó vacío de contenido, por los reiterados incumplimientos de que fue objeto por parte del Gobierno. Pero antes tuvo tiempo de rendir algunos frutos, como el compromiso por el que se mantuvo formalmente la elección parlamentaria del Consejo, aun admitiendo que las asociaciones profesionales de jueces elevasen a los grupos las propuestas de candidatos. El nuevo sistema, sin embargo, no solamente no ha resuelto ningún problema, sino que después de aplicado ha vuelto a aumentar el grado de politización del órgano de gobierno del poder judicial. El Ejecutivo del PP ejerce sin ningún pudor continuas presiones sobre el Consejo, sobre el Tribunal Supremo e, incluso, sobre el Tribunal Constitucional. Para agravar aún más esa situación, éste sufre, por primera vez en su historia, un serio deterioro de su imagen o de su credibilidad cada vez que su actual presidente, Manuel Jiménez de Parga, se deja llevar por su tendencia a los excesos verbales, opinando frívolamente sobre cuestiones que han sido objeto de tratamiento por el propio Tribunal, o pueden llegar a serlo en el futuro.

CONTRA EL DELITO, PERO NO CONTRA SUS CAUSAS

El aumento de la criminalidad, la escasez de medios a disposición de las Fuerzas de Seguridad del Estado para hacer frente a esa situación y el recurso enfermizo a la modificación de la legislación penal —realizado además con muy poco respeto a las formas y a los valores democráticos— han sido algunas de las notas que han caracterizado la política seguida por el PP en el campo de la seguridad ciudadana.

Los robos y homicidios, por citar dos de los delitos más comunes, aumentaron de forma continua y a un ritmo preocupante tanto en las grandes ciudades como en las zonas rurales. La violencia de género se ha convertido en una noticia siniestra pero habitual, y el número de mujeres asesinadas o víctimas de malos tratos ha alcanzado unas proporciones espeluznantes. En un primer momento, las autoridades responsables de la seguridad negaron la evidencia de ese deterioro. Más tarde intentaron incluso vincular el aumento del número de delitos con la inmigración, falseando los datos oficiales. En todo caso, los planes aprobados por los sucesivos ministros de Interior fracasaron. Una de las razones de ello era la falta de medios humanos y materiales. Las plantillas policiales se redujeron en varios miles de agentes, como consecuencia de la no reposición de las vacantes de los policías que llegaban a la edad de jubilación. También se carecía de recursos —según denunciaron el Defensor del Pueblo y los fiscales— para aplicar muchas de las medidas legales que se aprobaron con objeto de atajar la creciente inseguridad. La Ley del Menor y la de Juicios Rápidos son dos ejemplos de ello. Entre tanto, los efectivos de las empresas privadas de seguridad no dejaban de aumentar.

Pese a esas carencias, las cárceles estaban repletas. En el momento de aprobarse el nuevo Código Penal, antes de finalizar la última legislatura socialista, los portavoces del PP auguraron que, como consecuencia de las reformas introducidas en el sistema de penas, se produciría una masiva excarcelación de presos que iba a disparar los índices de delincuencia. Federico Trillo, entonces responsable del Partido Popular en estos temas, calculó que 13.000 reclusos serían puestos inmediatamente en libertad. Nada más tomar posesión, la nueva ministra de Justicia dijo, en cambio, que ese número quedaba reducido a 349 presos. Y el informe definitivo sobre la aplicación del nuevo Código, elaborado por el Consejo General del Poder Judicial, aseguraba que con la reforma socialista se había producido «un importante endurecimiento respecto de las penas previstas en el [Código] anterior». Y advertía: «De seguir así, la población penitenciaria alcanzará cuotas insostenibles». Lo que efectivamente se produjo.

Desbordado por el aumento de la inseguridad ciudadana y la masificación de las cárceles, el Gobierno se refugió en su tendencia a improvisar soluciones a través de la modificación continua de la legislación penal. Para los nuevos responsables de esta área, el ministro de Justicia Michavila y el de Interior Acebes, la lucha contra el terrorismo y la batalla contra la inseguridad ciudadana se ha desarrollado fundamentalmente a través del manoseo continuo de las normas, y en especial del Código Penal de 1995. Javier Pradera comparó la hiperactividad legisladora del Gobierno en estos temas tan delicados a la de un John Wayne que «desenfundaba la pistola nada más olfatear el peligro». Pradera enumeraba a continuación algunos de los casos más llamativos en los que se había reaccionado con apresuramiento y poca reflexión: la «ley del botellón» contra el consumo de alcohol en la calle por parte de muchos jóvenes; el cumplimiento íntegro de las penas por los condenados por delitos terroristas, tras el asesinato de un guardia civil por parte de ETA; las medidas contra la violencia doméstica y la reforma de la prisión preventiva, a raíz de la excarcelación de un acusado de triple asesinato; etcétera. Y eso que, cuando escribió su columna en el periódico *El País*, aún no se había producido la impresentable modificación del Código Penal dirigida *ad personam* contra Ibarretxe y Atutxa.

Pero, en cambio, los populares no han prestado la atención debida al combate de las causas de la delincuencia. Tony

Blair, tan admirado en apariencia por Aznar, ha formulado con gran claridad la estrategia ante desafíos similares: «Hay que combatir con la misma energía el crimen y las causas del crimen». Nuestros gobernantes solamente se han aplicado sobre el primero de esos términos, sin darse cuenta de que ahí reside precisamente el motivo de que cosechen tantos fracasos. Bien está revisar las normas penales, procesales o penitenciarias cuando se detectan en ellas resquicios por los que se cuelan zonas de impunidad. Pero cada vez que los responsables del Gobierno se dejan llevar en este terreno por la improvisación o la demagogia —que suelen ir unidas— se cae en la ineficacia y se acaba efectuando una lectura regresiva de los principios y valores en los que se sustenta el Estado democrático y de derecho.

Michavila y Acebes han buscado con fruición ese atajo fácil, sin preocuparse de efectuar un diagnóstico en profundidad de las causas que subyacen en el aumento de la delincuencia y de la inseguridad de estos últimos años. Si lo hubiesen hecho, quizás habrían descubierto que son las propias políticas del Gobierno al que pertenecen las que, al resquebrajar los niveles de cohesión social, están atizando las brasas que producen los incendios que ellos mismos tratan de sofocar. Cuanto mayor sea el grado de exclusión, de marginalidad y de desigualdad en nuestra sociedad, peor pertrechada estará para atajar los comportamientos indeseables que se incuban en su seno. La existencia de crecientes guetos en las escuelas públicas, la precarización del mercado de trabajo, la economía irregular, la ausencia de políticas de integración de los inmigrantes, la imposibilidad de acceder a una vivienda digna por parte de los sectores de menor poder adquisitivo, la falta de atención y de cuidados sociales, son algunos de los factores que acaban, tarde o temprano, acarreando consecuencias nocivas desde el punto de vista de la seguridad. Porque cuando hay ciudadanos que se sienten totalmente abandonados por los poderes públicos, siempre cabe el peligro de que alguno de ellos ceda a la tentación de gritar «sálvese quien pueda».

Nada de debates: información manipulada y televisión «basura»

No se puede culminar un recorrido sobre el deterioro sufrido en estos años por el funcionamiento de nuestra democracia y la falta de garantía efectiva de los derechos y libertades, sin detenerse a analizar cuál ha sido la actitud del PP y del Gobierno en relación con los medios de comunicación.

El Partido Popular de Aznar les prestó desde el principio una atención especial. Pero ahora ya tenemos suficientes elementos de juicio para saber que su interés no venía motivado por sus convicciones acerca del papel insustituible que éstos tienen en la sociedad moderna, como vehículo de transmisión de la información política hacia los ciudadanos y de conformación de la opinión pública. En realidad, lo que interesaba a los nuevos dirigentes de la derecha era encontrar la manera en que su partido —y en el futuro, su Gobierno— pudiesen extender su influencia y ejercer el control, tanto sobre la televisión y la radio estatales como en los medios de titularidad privada.

Las declaraciones programáticas manifestaban, por supuesto, propósitos más confesables. Los proyectos de resolución presentados por el grupo parlamentario popular al final de los debates del estado de la nación de los años 1991 y 1992 exigían al Gobierno socialista la presentación de un proyecto de reforma del Estatuto de la radio y la televisión públicas, articulado sobre cuatro principios básicos: la garantía de la pluralidad social, económica y política; un Consejo de administración que ejerciese realmente el control económico y de contenidos de los medios públicos; la elección del Director general del Ente por el Consejo de administración, garantizando así su independencia respecto del Gobierno; y una modificación de la gestión del Ente, de manera que éste no compitiese de forma desleal con los medios privados.

La defensa de estos principios —en teoría, muy razonables— se acompañaba de fortísimas críticas hacia los responsables de RTVE de aquel momento, acusándoles de favorecer descaradamente al Gobierno. Críticas que también se extendían, por cierto, a los medios privados que el PP consideraba sometidos al PSOE. Éstos eran en realidad muy pocos, sobre todo comparados con la cantidad de periódicos —en especial, en Madrid—, emisoras de radio y televisiones privadas que se habían sumado a la estrategia del PP para derribar al Gobierno socialista y machacar literalmente la figura de Felipe González. Diarios como *El Mundo* o *ABC*, radios como la COPE y canales de televisión como Antena 3 servían de ariete para atacar con contundencia inusitada al PSOE y a su Gobierno. El grupo de periodistas liderado por Luis María Anson y Pedro J. Ramírez hicieron más por llevar adelante la estrategia de oposición crispada del PP que la mayoría de los cuadros políticos del partido conservador. Hasta 1996, el pluralismo informativo fue, sin punto de comparación, mucho más amplio que el que los populares han estado en disposición de soportar a medida que han acumulado poder suficiente.

En la oposición, los populares vivían obsesionados con la información de la televisión pública, que según ellos les discriminaba día tras día. La dureza de las críticas a RTVE llegó hasta el extremo de que Aznar escribió en *España, la segunda transición* que el Estado debía dejar de gestionar «el tumor, degradante de todo el sistema, de la actual radiotelevisión del Estado». Según el líder del PP, había que replantear de raíz el modelo de la radiotelevisión pública. Dos años antes de tomar posesión en La Moncloa, Aznar llegó a prometer que su gobierno nombraría a un director general de RTVE independiente y de prestigio, «esto es, independiente, no militante del PP». Antes de marzo de 1996, también preocupaba sobremanera al Partido Popular la situación financiera del Ente público, cuya deuda se estimaba por entonces en unos 250.000 millones de pesetas. Una de las soluciones que entonces apuntó el líder de la oposición para enjugar el déficit fue la privatización de uno de los canales de TVE. También se mostró partidario Aznar de cerrar todas las televisiones públicas autonómicas, salvo en las Comunidades bilingües.

Pero una vez más, cualquier parecido entre el discurso público del PP y la realidad de su práctica política al llegar al Gobierno obedece a meras coincidencias. Quien haya seguido lo ocurrido en el campo audiovisual, y en particular las actuaciones de los gobiernos del PP en la televisión y la radio públicas, sería incapaz de reconocer en todo ello uno solo de los principios expresados por Aznar o de los compromisos asumidos por él y por su partido. La deuda de RTVE se ha multiplicado por cuatro en siete años; el Estatuto de 1980 sigue vigente; el modelo de televisión pública es inexistente: se sigue criticando el actual, pero no se formula ninguna alternativa viable; España es el único país de la UE donde no existe un Consejo superior audiovisual.

La situación se ha deteriorado especialmente en todo lo relativo a la información política. Con un descaro que difícilmente puede tener parangón en cualquier otra democracia, los telediarios de TVE han hecho propaganda burda de la labor del Gobierno y de las actividades del PP, ignorando —o desfigurando hasta el ridículo— el trabajo y las declaraciones de la oposición. Todavía resulta increíble pensar que los mismos que durante los últimos ocho años han estado manipulando la información fuesen los que se desgañitaban desde la oposición exigiendo imparcialidad en los informativos y debates políticos que reflejasen el pluralismo. En la televisión del PP, estos últimos han desaparecido, pura y simplemente. En campaña electoral o en cualquier otro momento. Hasta el programa *Parlamento*, dedicado semanalmente a la información de la actividad de las Cámaras, se emitía en un horario inverosímil, los sábados por la mañana y en la segunda cadena. Y ello no obedece a consideraciones de audiencia, pues los últimos debates celebrados en campaña electoral, allá por 1993, batieron todos los récords en esta materia. Pero incluso si fuese cierto que los ciudadanos que se sientan por la noche enfrente de su televisor prefieren ver una serie, o un concurso, antes que un programa sobre la situación de las escuelas o la política exterior, ¿no es la televisión un servicio público? ¿Es que su consideración como tal sólo sirve para que

Álvarez Cascos pretendiese perjudicar a una cadena privada en la retransmisión del fútbol, o para cargar contra el bolsillo de los contribuyentes las grandes sumas de dinero que TVE pierde cada año?

Lógicamente, si ése ha sido el comportamiento de los medios sufragados con el dinero de todos los contribuyentes, o trasladando deuda hacia las próximas generaciones, los medios privados no han recibido ningún incentivo para actuar de otra manera; más bien, se han sentido exonerados de cualquier responsabilidad a la hora de emitir programas sobre temas políticos de interés y de respetar el pluralismo. En las cadenas generalistas privadas, sólo unos pocos programas han resistido esa presión y se ocuparon de ellos. Los dos más seguidos han sido, paradójicamente, de carácter satírico: *Las noticias del guiñol*, emitido en abierto por Canal+, y *Caiga quien caiga*, ya suprimido por Tele 5, al parecer por presiones directas del Gobierno.

Es conocido, y ya he aludido a ello antes, que desde el Gobierno se impulsó una auténtica «caza al hombre» contra el grupo Prisa y sus principales responsables. Pero Jesús Polanco y Juan Luis Cebrián no fueron los únicos que sintieron a sus espaldas el aliento amenazante del Gobierno. También el desaparecido presidente del grupo Zeta, Antonio Asensio, tuvo que escuchar de viva voz que todo un portavoz del Gobierno le augurase la cárcel si no se plegaba a sus consignas. Con otros medios privados no hubo necesidad de acudir a ese tipo de presiones. El dinero de algunas empresas, como Telefónica, con una cuenta de resultados que depende aún en buena medida del regulador público, y cuyo presidente entonces había sido nombrado por el Gobierno antes de su privatización, se puso a disposición de los intereses particulares del partido gobernante para tratar de construir un potente grupo multimedia y ponerlo a su servicio exclusivo.

Mientras, el mal gusto y la cutrez se han impuesto en buena parte de la programación, y la televisión «basura» se ha extendido hasta extremos enfermizos, sin que el Gobierno parezca preocupado por ello. Los televidentes saben mucho más acerca de las miserias de la vida íntima de cuatro famosos que de los argumentos de los distintos partidos sobre los temas más importantes de la agenda política. La pornografía ha conseguido saltar, en alguna ocasión, a los horarios en los que los niños están en sus casas delante del televisor. Se ha llegado a enaltecer, en programas de la televisión pública, a historiadores que hacen apología del franquismo. Y los valores que, se dice, deben figurar en los programas de estudios del sistema educativo son negados, día a día, por los contenidos que se transmiten a través de la pantalla. Durante estos años, ni el PP ni el Gobierno han mostrado el menor interés por cambiar las cosas. El panorama resultante es, desde luego, mucho más desolador que el de 1996, y no admite comparación con lo que sucede en la mayoría de los países de nuestro entorno. Quienes hayan podido seguir la programación del conjunto de los canales generalistas —públicos y privados— en Gran Bretaña o Francia saben que eso es cierto. Y cualquiera que conozca la enorme importancia de la televisión para conformar los criterios y las actitudes de los ciudadanos, y especialmente de los niños y jóvenes, tiene razones más que sobradas para estar hondamente preocupado.

CAPÍTULO IV

Aznar y cierra España

El reconocimiento del término «nacionalidades» en el artículo 2º de la Constitución, y la redacción de su Título VIII, había llevado a la mitad de los diputados de Alianza Popular a votar «no» o a abstenerse en la votación final del texto que iba a someterse a referéndum. Sectores de la derecha más conservadora se desmarcaron también de los primeros Estatutos, y los más recalcitrantes estuvieron en contacto con los militares golpistas que intentaron quebrar nuestro sistema democrático, con el argumento de evitar la desintegración de España.

Pero a medida que avanzaba el desarrollo del Estado de las autonomías, fueron calmándose las aguas y los temores iniciales desaparecieron. Antes de cambiar sus siglas por las del Partido Popular, los dirigentes de Alianza Popular ya habían asumido el carácter irreversible del proceso de descentralización política consustancial a la España democrática.

Aznar fue un exponente de esa evolución. No hay más que releer los artículos que publicó en pleno debate de los Estatutos de autonomía vasco y catalán, para saber cuál hubiese sido su posición al finalizar el debate constitucional, caso de haber ocupado un escaño en el Congreso. Tampoco hace falta ser adivino para intuir lo que pudo votar el 6 de diciembre de 1978. Sus durísimas críticas al consenso y a la situación política de los momentos inmediatamente posteriores a la aprobación de la Constitución traducen su profundo desacuerdo con el modelo autonómico. «En lugar de concebir un plan serio y responsable de organización territorial de España, se ha montado una charlotada intolerable que ofende el buen sentido», escribió en mayo de 1979 en la prensa riojana refiriéndose a ese modelo. Sin embargo, con el paso de los años su oposición inicial se transformó en una aceptación íntegra de sus fundamentos e instituciones. Muchos de los que sostenían entonces posiciones similares, acabaron también apoyando la Constitución, en aras del realismo.

Pero la cosa no quedó ahí. Del simple acatamiento, pasaron más adelante a defender el orden constitucional con la pasión que caracteriza a los conversos, hasta el punto de que el PP pretende hoy erigirse en el mejor intérprete de la Constitución, muy especialmente de su Título VIII, y no admite que se modifique ninguna de sus disposiciones. Los populares se creen los únicos valedores del modelo de Estado, y descalifican las opiniones de quienes trabajaron desde el principio para construir el actual edificio institucional. Sin embargo, el ardor con el que el PP ejerce de guardián de las esencias del Estado de las autonomías pone en evidencia que algunos de sus argumentos desnaturalizan en realidad lo que dicen defender.

Su evolución autonómica

Una vez que se desembarazaron de los que, en sus filas, se negaban a asumir el texto constitucional, las discrepancias de AP con el modelo autonómico desaparecieron de su discurso. Contribuyó a ello la ampliación de su espacio electoral, al que fueron a parar muchos de los antiguos votantes de la UCD, y también algunos de sus mejores expertos en la materia, como Miguel Herrero de Miñón. En 1986, la coalición de los conservadores con el PDP de Óscar Alzaga y los liberales de José Antonio Segurado contribuyó a acercar sus posturas en este terreno con las de los socialistas. Para entonces el arraigo de las instituciones autonómicas era indiscutible, y cualquier actitud de desconfianza o de temor hacia ellas no hubiese sido entendida por la opinión pública.

En las elecciones autonómicas de 1987, AP conservó los tres gobiernos regionales que presidía hasta entonces —Galicia, Baleares y Cantabria— y sumó a ellos los de Castilla y León y La Rioja, además de participar en las coaliciones gobernantes de Aragón y Canarias. Nada más tomar posesión, los presidentes autonómicos del centro-derecha en las Comunidades del artículo 143 —entre ellos, Aznar— recordaron que sus Estatutos les facultaban para abrir una segunda fase de asunción de competencias, una vez hubiesen transcurrido cinco años desde su entrada en vigor, y exigieron su reforma.

Sin embargo, hasta 1992 no se llegó a ningún acuerdo global entre el primer partido de la oposición y el Gobierno socialista. Para entonces, Aznar ya era el líder del nuevo PP, y como tal protagonizó las negociaciones que desbloquearon los traspasos a las Comunidades Autónomas de la llamada «vía lenta» de materias tan importantes como educación y sanidad. De cara a las elecciones de 1993, el PP hizo de la coincidencia entre los dos grandes partidos nacionales para culminar el desarrollo estatutario uno de los ejes de su estrategia. Los portavoces populares insistían continuamente en la necesidad de evitar que los nacionalistas se convirtiesen en árbitros de la situación, y decían que no estaban dispuestos a pagar cualquier precio para conseguir una mayoría estable. «Después de las elecciones no pongo condiciones, pero que tampoco me las pongan a mí», dijo Aznar durante aquella campaña electoral, advirtiendo a esos grupos de su actitud en el futuro.

Con Felipe González investido de nuevo presidente, esta vez con el apoyo de CiU y del PNV, Aznar endureció su discurso, tratando de aparecer como defensor del Estado, frente a las demandas de estos dos partidos y la fragilidad del Gobierno. Acusó al PSOE de hipotecar el consenso constitucional y la acción del Ejecutivo, por ceder a la presión de sus socios. El entonces jefe de la oposición rechazó que las relaciones entre el Estado y las Comunidades autónomas pudiesen ser encauzadas en términos de bilateralidad, y propuso al Gobierno llegar a un gran acuerdo respecto del desarrollo de los Estatutos del artículo 151, en términos similares a los del pacto alcanzado para los del artículo 143. Así, pensaba, se garantizaba mejor la defensa de los intereses generales y se liberaba al Gobierno de «condicionantes particularistas, sectoriales y minoritarios». Es decir, de los nacionalistas.

Por lo demás, los portavoces del PP sostenían que, en el marco de ese acuerdo entre el partido del Gobierno y el principal grupo de la oposición, se debía decretar de una vez por todas el «cierre» del modelo. «En algún momento habrá que decir "hasta aquí hemos llegado" en el proceso autonómico», dijo Aznar en mayo de 1994. Esa concepción, que volverá a aparecer en su discurso a partir de 2000, servía entonces para fundar las críticas de la derecha, muchas de ellas descalificatorias, contra las posiciones de los grupos nacionalistas y contra sus pactos con el Gobierno. El acuerdo logrado por CiU con éste, consistente en ceder la recaudación del 15 por ciento del IRPF a las Comunidades Autónomas, para aumentar su corresponsabilidad fiscal, se llevó la palma de las críticas. El PP dijo que el Gobierno había roto el consenso constitucional, hacía pagar al conjunto del país un sobrecoste para garantizarse su comodidad política, y ponía su supervivencia política por encima de los intereses generales.

CiU tampoco se libró de los ataques de la derecha. Aznar acusó a Pujol de «apuntalar a González, el responsable de la quiebra de este país» y de apoyar al Ejecutivo por razones estrictamente partidistas, para obtener ventajas de un Gobierno débil. Ese tono desabrido fue en aumento a medida que avanzaba la legislatura; en 1995 dijo que Pujol «sólo va a Madrid a cobrar», y que el presidente catalán era «el responsable de la grave crisis política, moral y económica que afecta a España». Es evidente que, en esas fechas, aún no imaginaba que poco después tendría que solicitar su apoyo.

El programa electoral del PP para las elecciones de marzo de 1996 tuvo, en todo caso, una música más suave. Estaba escrito de manera que el electorado moderado, cuyos votos necesitaban para alcanzar una mayoría suficiente, no albergase dudas sobre la sinceridad del compromiso de la derecha con el modelo autonómico. Hablaba de una España «plural e integrada»; de la necesidad de regular la participación de las Comunidades en la formación de la voluntad estatal en las instituciones europeas; de corresponsabilidad fiscal; de avanzar hacia una administración común que evitase la duplicidad entre los distintos niveles territoriales; y de la reforma del Título III de la Constitución para convertir al Senado en una auténtica cámara de representación territorial. ¡Qué diferencia con sus posturas durante la siguiente legislatura!

El pacto con los nacionalistas

El resultado de esas elecciones situó en todo caso al PP en un escenario distinto al que preveían. En pocas horas, tuvieron que recomponer sus planteamientos y abordar una situación que no habían contemplado. Quienes habían advertido machaconamente de los riesgos de un Gobierno minoritario respaldado por los votos de los nacionalistas, constataron que ésa era, precisamente, la única forma de llegar a La Moncloa. Aznar supo desde la misma noche electoral que tendría que negociar con CiU y con el PNV, y aceptar sus condiciones, si quería ser investido presidente.

A partir de ese instante, las declaraciones de los portavoces del Partido Popular sobre el modelo territorial cambiaron completamente de tono. Pujol se convirtió de pronto en «una persona con alto sentido de la responsabilidad». Desde el PSOE se les advirtió del riesgo de traspasar determinados límites ante las demandas de sus futuros socios, pero el PP consideraba entonces que lo que los socialistas perseguían era agitar tensiones territoriales. De entre todas las manifestaciones del nuevo sentimiento autonomista que florecía en las filas de la derecha por aquellos días, hubo una frase de Aznar que ha pasado a la posteridad: «Hablo catalán en la intimidad».

Las primeras incoherencias entre su discurso anterior y las nuevas posiciones del PP se vieron con claridad en el campo de la financiación autonómica. Los mismos que habían criticado duramente la cesión de un 15 por ciento del IRPF a las

Comunidades Autónomas pactaban ahora su elevación hasta el 30 por ciento. Lo que tres años antes representaba un coste inaceptable, ahora no tenía coste para los Presupuestos del Estado. Si el pacto alcanzado por el Gobierno socialista en 1993 suponía pagar un precio prohibitivo con tal de mantenerse en el poder, ahora los irresponsables eran los que ponían peros al acuerdo, optando por la inestabilidad.

Como es lógico, el nuevo Gobierno pronto tuvo que reconocer que el nuevo modelo de financiación tenía coste; Rajoy lo estimó en 200 o 300 millones de pesetas y Rato lo elevó a una cifra muy superior. Pese a todo, el Gobierno insistió en que los pactos eran transparentes. Pero tanto Pujol como Coalición Canaria y el Gobierno vasco empezaron a exigir el cumplimiento de diferentes pactos no escritos.

Quienes llevaron a Aznar a la presidencia también tuvieron que justificar su acercamiento al PP ante sus bases, que meses antes habría sido impensable; y al hacerlo, magnificaron el giro autonómico asumido por el primer Gobierno de la derecha. Pujol se atribuyó el mérito de haber hecho cambiar a la fuerza la visión de España que Aznar había mantenido hasta entonces. Joaquim Molins, entonces portavoz parlamentario de CiU, fue muy gráfico al decir que el PP «había dado la vuelta como un calcetín». Xavier Trias era más realista cuando se confesaba «perplejo» y desconfiaba ante el repentino cambio de posición del PP. Arzalluz, a su vez, se dirigió a los socialistas pidiéndoles que tomasen ejemplo de las actitudes autonomistas de Aznar, y como muestra de ese idilio visitó la sede de la calle Génova, donde se fotografió sonriente al lado de quien iba a ser el presidente del Gobierno «del Estado español».

Lo que nació como resultado de una estrategia improvisada se tradujo pronto en una acción de gobierno precipitada, incoherente y errática. El consenso sobre política autonómica entre los dos grandes partidos, logrado cuatro años antes a pesar del clima general de crispación y de enfrentamiento que había caracterizado la anterior legislatura, quedó roto. Las tres autonomías presididas por los socialistas decidieron no suscribir el nuevo sistema de financiación negociado con CiU, y sufrieron por ello las represalias del Gobierno. Como consecuencia, los conflictos territoriales elevados al Tribunal Constitucional subieron hasta cotas desconocidas hasta entonces.

Los nacionalistas fueron para el PP unos socios muy leales. Nunca le pusieron en dificultades en el Parlamento, a pesar de que no todas las políticas gubernamentales estuvieron a priori incluidas en los acuerdos de investidura. La oposición socialista tampoco adoptó, pese a la ruptura del consenso, un estilo agresivo, como el que habían tenido que soportar los últimos gobiernos de Felipe González.

La vuelta a las posiciones anteriores

Pero antes de finalizar su primera legislatura al frente del Gobierno pudo comprobarse que la fidelidad del PP respecto a la idea de una España plural no era tan profunda como en algún momento se había querido hacer patente. Más bien se vio que su voluntad de integrar a los nacionalismos —de «hablar catalán en la intimidad», para entendernos— había respondido, sobre todo, a la necesidad de obtener sus votos para la formación del Gobierno, sin que de ella se quisiese hacer virtud, elaborando un proyecto de país a medio y largo plazo capaz de comprometer en su realización a CiU o al PNV.

A medida que se acercaron las convocatorias electorales —primero las autonómicas y municipales, luego las catalanas y finalmente las legislativas—, las posiciones del PP se parecían cada vez más a las que sostuvieron antes de 1996. El giro se vio con claridad en la intervención de Aznar durante el último debate sobre el estado de la nación de la legislatura, celebrado en junio de 1999. Después de tres años volvieron a surgir, como el Guadiana, afirmaciones del tenor de «ha terminado el tiempo de la reivindicación competencial», o «el modelo [autonómico] debe quedar estabilizado».

En su programa para las elecciones generales de 2000, el PP afirmaba con claridad que, una vez producido «un fuerte impulso autonómico» en la legislatura que estaba a punto de finalizar, debía abrirse una nueva etapa basada en el ejercicio de las competencias ya asumidas. Lo cual era tanto como anunciar un parón en el desarrollo autonómico, pues más que la afirmación de los principios de coordinación, cooperación y colaboración entre administraciones —aceptados por todos— la verdadera novedad del programa era su silencio clamoroso en torno a algunos temas aún no resueltos. Entre otros, la reforma del Senado, la participación de las Comunidades Autónomas en la Unión Europea y la necesidad de completar los traspasos a las autonomías del artículo 151, en particular a Cataluña y el País Vasco.

A tal programa, tal campaña. Confiando en que una previsible mayoría absoluta les permitiría desembarazarse de cualquier compromiso con los nacionalistas, el PP arremetió contra todo y contra todos. Mezcló a los nacionalistas moderados con los más radicales, a los defensores de la vía estatutaria con quienes se oponen a ella con violencia, a los federalistas con los soberanistas... Como, tras las elecciones de noviembre de 1999, CiU había optado por apoyarse en los votos del PP catalán en vez de en los de Esquerra Republicana, se quedó sin margen para salir al paso del discurso de la derecha estatal. El PNV, por su parte, seguía más o menos aferrado a la estrategia de Lizarra después del final de la tregua de ETA, lo que le inhabilitaba para desempeñar un papel relevante en la política nacional. Ese panorama animó a los populares a jugar a tope la baza del miedo, agitando supuestos riesgos de desbordamiento del Estado autonómico para ganar votos fuera de las nacionalidades históricas.

Al mismo tiempo, acusaban al PSOE de no tener ni una idea coherente de España ni un modelo de Estado. No importaba que los socialistas hubiesen protagonizado la elaboración de la Constitución y los Estatutos, mientras que al menos la mitad de AP se había desmarcado de ese proceso. Ni que durante buena parte de la legislatura, el PP se hubiese apoyado en los mismos nacionalistas a los que ahora condenaba, habiéndoles entregado a cambio jugosas contrapartidas. Ni que la reforma del Senado hubiese figurado en su anterior programa electoral, con el que habían llegado al Palacio de la Moncloa. Ahora, los únicos que no ponían en riesgo la unidad de España eran ellos. Al menos, ésa era su versión de los hechos.

En términos de votos, ese discurso les reportó probablemente pingües beneficios. Otra cosa muy distinta son las consecuencias a medio plazo de una estrategia de esa naturaleza. Pero eso sólo se empezaría a ver a medida que fue avanzando la segunda legislatura Aznar. De momento, una vez lograda la mayoría absoluta, el nuevo Gobierno empezó una defensa a ultranza del *statu quo*. Cualquier iniciativa de la oposición en el terreno autonómico fue calificada inmediatamente de «aventura insensata» o de «rupturismo insolidario». Exageraron la trascendencia de cualquier modificación en el Estado de las autonomías, fuesen cuales fuesen su entidad y su motivación. Descalificaron como «desleal» o «anticonstitucional» cualquier opinión que se apartase del inmovilismo absoluto en el que Aznar había decidido instalarse. Con el pretexto de querer preservar la Constitución y los Estatutos, sus posiciones empezaron a petrificar esos textos, desnaturalizando su auténtico significado.

En su última participación en el debate sobre el estado de la nación, en junio de 2003, Aznar incluyó al final de su intervención, a modo de «testamento político», unos párrafos en los que definió las que según él deberían ser las grandes tareas de quien gobierne España a partir de 2004. La primera de todas ellas se refiere a la necesidad de «afianzar la estabilidad de nuestro sistema institucional y fortalecer las funciones básicas del Estado (en lugar de poner en cuestión sus fundamentos)». A la vista de su posición, cada vez más enrocada, hay razones fundadas para desconfiar acerca del significado que Aznar o el PP quieran dar a esa frase.

BALANCE DE LA POLÍTICA AUTONÓMICA DEL PP

Sin duda, durante las dos últimas legislaturas los gobiernos del PP han culminado todos los traspasos pendientes a las Comunidades del artículo 143, en aplicación de los acuerdos de 1992. A partir de 2000 se pactó un nuevo sistema de financiación —esta vez con consenso— y se renovó el concierto con el País Vasco, dándole vigencia indefinida. Y como consecuencia de ello, en el año 2004 los gastos presupuestados por las Comunidades Autónomas van a superar por primera vez el volumen de gastos previstos en los Presupuestos para la Administración general del Estado, excluidos los organismos autónomos y la Seguridad Social.

Tiene razón, por tanto, el profesor Eliseo Aja, uno de nuestros máximos expertos en estos temas, cuando dice que los elementos concretos de la política autonómica del PP no son criticables cuando se les considera uno a uno, desligados del contexto general en el que se han ido adoptando. Pero como también dice Aja, esas decisiones de carácter positivo han ido acompañadas de la aprobación de leyes que recortan las competencias autonómicas, entre otras la Ley de Estabilidad Presupuestaria, lo que ha traído como consecuencia un aumento de la litigiosidad ante el Tribunal Constitucional. El Gobierno se ha dedicado, además, a jugar de manera frívola con la cohesión territorial, provocando a conciencia enfrentamientos entre unas y otras regiones.

El caso del tratamiento dado al Plan Hidrológico es paradigmático. Tal como ha expuesto el Gobierno sus argumentos en defensa de ese Plan, da la impresión de que lo aprobaron, sobre todo, para tratar de dividir a los socialistas. La mayoría parlamentaria del PP ha actuado con prepotencia, aprobando en las Cortes Generales leyes que deben ser ejecutadas por las Comunidades Autónomas, sin prever cómo se financian los compromisos de gasto que ello genera, como sucedió con la Ley de Calidad de la Enseñanza. Y ha practicado todo un «trágala» para imponer la asunción simultánea de las competencias sanitarias a diez gobiernos regionales en un plazo de tiempo extraordinariamente corto, sin establecer previamente los necesarios mecanismos de coordinación del Sistema Nacional de Salud, ni haber examinado con rigor si los nuevos gestores contaban con recursos suficientes para atender las demandas ineludibles de los usuarios de la red sanitaria pública. La declaración de Montoro, advirtiendo de que pagaría una deuda del Estado al Gobierno andaluz si éste fuese del PP, es una muestra más de la filosofía autonómica del gobierno Aznar.

Y lo que es aún más grave, no se ha avanzado absolutamente nada en los dos temas que figuran siempre en el listado de asuntos pendientes en materia de desarrollo autonómico: la reforma del Senado y la participación de las Comunidades Autónomas en las decisiones que afecten a sus competencias a nivel de la Unión Europea.

En el caso del Senado, lo que hace dos legislaturas era, para Aznar y su partido, una reforma lógica e incluso urgente, ahora se ha convertido en una propuesta peligrosa. ¿Cuáles pueden ser las razones de un cambio tan radical de posición por parte del Partido Popular? Nunca las han tratado siquiera de esbozar, pese a las numerosas voces que reclaman una reforma que, en vez de disgregar, lo que pretende es fortalecer una institución clave para evitar las tendencias centrífugas que se derivan del abuso de las relaciones bilaterales de cada autonomía con el Gobierno central, o de unas Comunidades con otras.

La misma parálisis ha afectado a la difícil tarea de incorporar a las autonomías al proceso de toma de decisiones de nuestro país en la Unión Europea. Los debates en torno a la nueva Constitución europea hubiesen debido servir para explorar fórmulas que ayudasen a resolver esta cuestión, que otros Estados miembros con niveles de autogobierno regional similar al nuestro —Bélgica, Alemania o Austria— ya han resuelto. Pero las peticiones de las Comunidades Autónomas, y las iniciativas de los grupos parlamentarios de la oposición, han chocado una y otra vez con la firme negativa de los miembros del Ejecutivo y de su mayoría en las Cortes.

Como anunció su último programa electoral, y repitió muchas veces Aznar antes de 1996, el Gobierno del PP y su partido se han negado a apoyar nuevas reformas, pues lo que se impone, según ellos, es «el cierre del modelo autonómico».

Lo que sucede es que, por muy cómodo que sea afirmar que ya ha llegado la hora de poner pie en pared y de decir que hasta aquí hemos llegado, las cosas no son tan sencillas. Cuanto más se insista en ello, más altas sonarán las voces de los que —con la misma legitimidad— quieren impulsar el desarrollo autonómico en distintas direcciones. Desde quienes opinan que la reforma del Senado es una necesidad inaplazable, hasta los que pretenden modificar los Estatutos de autonomía aprobados hace más de veinte años, pasando por los que plantean cambios en el sistema de financiación, quieren poner en marcha nuevos mecanismos de coordinación como la Conferencia de presidentes autonómicos, o buscan resolver temas suscitados hace más de una década, como la representación de las Comunidades en la Unión Europea.

Esas voces son, a su vez, muy plurales. Maragall, nuevo presidente de la Generalitat, ya ha anunciado que su Gobierno propondrá la reforma del Estatuto de Cataluña; una reforma que posiblemente sea pactada también con CiU, ahora en la oposición. ¿Hasta qué punto se le podrá dar la espalda, si viene respaldada por más de cuatro quintas partes de los diputados catalanes? ¿Y qué hacer ante la propuesta de reforma de su Estatuto anunciada por Chaves en Andalucía? En ninguno de esos supuestos, o de otros que pueden surgir en otras autonomías, se plantean iniciativas anticonstitucionales; ni se actúa fuera de los cauces previstos para la reforma de los Estatutos respectivos. Casi todas las propuestas anunciadas recientemente por Rodríguez Zapatero fueron, en su día, asumidas por el propio PP. ¿Cuánto tiempo se puede mantener los ojos cerrados ante esas demandas? ¿No es mejor dialogar sobre ellas, aunque no se comparta su contenido al ciento por ciento?

Las actitudes y los argumentos empleados hasta ahora por los populares para oponerse a cualquier modificación del marco autonómico vigente no son de recibo. Sin duda, la estrategia adoptada por el PNV, primero en torno al acuerdo de Lizarra, y después con el «Plan Ibarretxe», han producido una subida de la tensión, ante la que el Ejecutivo y la mayoría parlamentaria han reaccionado instintivamente cerrándose en banda, y negándose a cualquier debate. Del tema vasco me ocuparé en el capítulo siguiente. Pero antes, quiero reflexionar un momento sobre algunas de las consecuencias negativas que comporta la actitud del PP en relación con el conjunto de los nacionalistas, y también para su futuro entendimiento con el PSOE.

Cuando un político nacionalista moderado como Xavier Trias, portavoz de CiU en el Congreso durante la última legislatura, llega hasta el punto de acusar a Aznar en el Parlamento de que con su política «se está intentando demonizar a todo el nacionalismo», hay que pararse a pensar qué límites se han rebasado en estos años, y cuántos puentes de diálogo se han roto. Porque todos los nacionalistas, moderados o radicales, defensores del modelo estatutario o partidarios de superarlo, votantes de la Constitución o contrarios a ella, han sido destinatarios de manera indiferenciada de las diatribas gubernamentales. ¿Es que la derecha pretende negar a los nacionalistas la posibilidad de competir en igualdad de condiciones en el escenario político español? Esa pretensión no sólo sería totalmente antidemocrática, sino que la simple sospecha de su verosimilitud está provocando automáticamente como respuesta la polarización y radicalización de las posiciones de los nacionalistas.

También el PSOE, aunque por razones y con argumentos diferentes, está siendo continuamente acusado, por los portavoces oficiales del PP y por sus medios de comunicación afines, de deslealtad para con la Constitución y con el Estado de las autonomías. De nada ha valido que, al menos en tres ocasiones durante los últimos cinco años, el Partido Socialista haya hecho el esfuerzo de poner negro sobre blanco, en sendos documentos aprobados por unanimidad por su Comité federal, cuáles son las reformas que pretende impulsar para desarrollar el Estado autonómico dentro del marco constitucional. Cada vez que un portavoz socialista, miembro de la dirección nacional o líder regional, alza su voz para defender la reforma del Senado, o la reforma de un Estatuto de autonomía, recibe inmediatamente todo tipo de ataques desaforados, y acaba siendo expulsado del campo de los «constitucionalistas». ¿No habíamos quedado en que la Constitución es de todos, que todos caben en ella, y que el desarrollo del modelo de Estado necesita, entre otras cosas, una actitud permanente de diálogo? En realidad, lo que está sucediendo es que los mismos que hace un cuarto de siglo recelaban de la Constitución y se oponían a su modelo de Estado, hoy se han apoderado de ella, con la consecuencia lógica de que todos los demás partidos se sienten cada vez más incómodos en el espacio político que la derecha quiere acotar.

Aparece un nuevo nacionalismo español

El frenazo en el terreno autonómico ha ido acompañado, y arropado, por la aparición de un «neonacionalismo español» en las filas de la derecha. Aznar ha sido, sin duda, el más entusiasta abanderado de la defensa de estas posiciones. Ha arrastrado hacia ellas a todo su partido, e incluso ha conseguido sumar a algunos intelectuales, aprovechando el rechazo producido por la radicalización del PNV y de otros nacionalistas periféricos. No hace falta remontarse hacia sus escritos de juventud para encontrar en el pensamiento aznariano todos los rasgos propios de un verdadero nacionalista. Por ejemplo, en una intervención suya en la Universidad de Georgetown (Washington), decía en 1997: «España se ha puesto en marcha, y lo ha hecho con la decisión de las naciones que quieren recorrer ese camino que la Historia nos trae hacia el futuro». ¿Cómo calificar esas palabras tan grandilocuentes? ¿No son las propias de un nacionalista?

El recuerdo de la generación del 98, con motivo de su cien aniversario, fue aprovechado para remachar el mismo clavo, como también lo han sido las conmemoraciones referidas a Carlos V, Felipe II o Cánovas del Castillo, que brindaron al PP una magnífica oportunidad para lanzar mensajes patrióticos de ese estilo. Fiel reflejo del tono, un tanto orgulloso y desafiante, con el que la derecha ha intentado estos años recomponer una cierta épica nacional al hablar de España es una frase de Aznar en una entrevista concedida al periódico catalán *La Vanguardia:* «Yo tampoco he tenido que explicar fuera lo que es el concepto de la nación española». Lo que no dijo es que muchos españoles no comparten su concepto de lo que es España.

Pero cuanto más clara era su visión de la nación española, más difícil le ha sido admitir que España también puede ser interpretada por otras sensibilidades distintas a la suya. Cuanto más subía el tono de sus proclamas, más empeño ponía en negar que el resto de los partidos parlamentarios, y en especial el PSOE, pudiesen propugnar una idea de España diferente, pero igualmente viable y coherente con su respectivo proyecto político. Curándose en salud, durante la campaña de 2000 afirmó en muchas ocasiones que «el PSOE no puede defender los intereses de España». Todo un ejemplo de cómo no se debe orientar un debate en torno a la manera de hacer compatibles la unidad y la pluralidad de España. Y todo un síntoma del talante excluyente con el que Aznar y el PP han afrontado su relación con el PSOE y con los nacionalismos, para abordar entre todos la necesaria reflexión sobre el modelo de Estado.

Llevado por su afán de asimilar cualquier idea que le pueda ser útil por razones tácticas, con tal de ganar algunos votos, el PP vio la oportunidad, como ya he dicho antes, de usar el concepto de «patriotismo constitucional» al servicio de su particular idea de España, aun a costa de tergiversar radicalmente su auténtico significado. Y ni corto ni perezoso, lo integró en las ponencias de su Congreso de enero de 2002. Pero no hay más que leer alguno de los párrafos que le dedicaron, para darse cuenta de que lo que se pretendía con ello era simplemente arropar con esos términos progresistas el viejo patrioterismo rancio de la derecha más tradicional. «... el patriotismo constitucional es valorar y defender la España constitucional. Es valorar y defender la España histórica que se reencuentra en el gran pacto histórico de la Constitución», dice el texto congresual, impertérrito ante sus propias contradicciones. Pero no se limitaron a hacer una lectura historicista de un concepto eminentemente racionalista. Algunos párrafos más adelante, confundieron a propósito la posibilidad de reformar algunos aspectos de la Constitución —entre ellos el Senado— con la apertura de un nuevo proceso constituyente. Y para culminar tanto contrabando de ideas, la llamada a los demás partidos a contribuir a «un nuevo empeño histórico para nuestro país» se tradujo en la invitación a CiU para que entrase a formar parte del Gobierno, quizá temiendo lo que año y medio más tarde iba a ocurrir en las elecciones catalanas.

En definitiva, al final de su segunda legislatura al frente del Gobierno, la política autonómica del PP, y su visión de España, han vuelto a sus orígenes. Se han refugiado en una postura meramente defensiva, empeñada en conservar lo que hay a base de una política inmovilista que sólo puede conducir a la polarización de posiciones, y que en último término retroalimenta la radicalización en el espacio nacionalista. En vez de convencer a través del diálogo y de integrar en la medida de lo posible las diferentes posturas existentes en un país plural y en un Estado complejo, han tratado una y otra vez de imponer sus criterios, descalificando a quienes no se sumen a sus postulados de manera incondicional.

Con su actitud, el PP ha dado muestras de no haber asimilado la realidad de la España de hoy. Su pluralidad y su diversidad. Y también ha quedado patente, en un asunto de tanta enjundia y delicadeza como el de la estructura territorial, que la derecha tiene una incapacidad notable para saber diferenciar, cuando gobierna, sus intereses particulares de los intereses generales. Su insaciable afán de poder le impide tener una visión de Estado como la que se requiere para abordar este tema. Y la creencia de que la mayoría absoluta le daba carta blanca para hacer y deshacer a su antojo ha tenido como resultado la quiebra de buena parte de los consensos en los que ha estado basado el desarrollo autonómico durante el último cuarto de siglo.

La ilusión por ver a la derecha compartir sinceramente los valores que las demás fuerzas democráticas defendieron conjuntamente desde antes de iniciarse la Transición choca, al menos en el terreno autonómico, con la evidencia de su comportamiento. Es verdad que durante los primeros años del desarrollo constitucional, quienes fueron reacios a apoyar el Título VIII de la Constitución y los Estatutos acabaron incorporándose al consenso. Pero a partir de un determinado momento, el PP se ha cansado de adaptarse, y ahora pretende que sean todos los demás los que acaben defendiendo, o al menos soportando, su lectura regresiva y cicatera del pacto constituyente alcanzado hace veinticinco años.

Lo que se ha puesto de manifiesto en la última legislatura no es sólo el carácter táctico y oportunista que tuvo el acercamiento entre 1996 y 1999 entre el PP y los nacionalistas. También ha quedado clara la falta de voluntad política del PP para sentar las bases de una colaboración leal entre la mayoría conservadora y la oposición socialista en la cuestión más delicada de nuestro entramado constitucional. Quien suceda a Aznar en la responsabilidad de gobernar España va a tener que hacer gala de las cualidades y la altura de miras que demostraron los constituyentes y quienes les siguieron, para rehacer lo que en estos años se ha destruido en el terreno autonómico. El asunto más delicado que tuvieron que enfrentar quienes redactaron la Constitución de 1978 vuelve a ocupar un lugar destacado en las preocupaciones de los españoles. Y no faltan razones para ello.

Capítulo V

El País Vasco, un problema abierto en canal

La democracia española ha superado con brillantez casi todos los problemas históricos que, originados en el siglo XIX, el franquismo había enquistado o agravado. Sólo dos excepciones se oponen a esa regla general, y ambas se refieren al País Vasco.

La primera de ellas es de naturaleza política. En la Transición, el PNV no apoyó la solución pactada en la Constitución para garantizar el encaje del País Vasco en el conjunto de España, lo que impidió superar un desencuentro que se viene arrastrando desde la primera mitad del siglo XIX. Tras un intenso proceso de negociación, donde hubo momentos en que el acuerdo pareció posible, los nacionalistas vascos se quedaron al margen del consenso del resto de las fuerzas democráticas. Su llamada a la abstención hizo que el porcentaje de votantes en el referéndum constitucional del 6 de diciembre de 1978 fuese en Euskadi mucho más bajo que en el resto de España. Pese a todo, también allí el número de «síes» fue abrumadoramente superior al de «noes».

La segunda excepción es la que se refiere al terrorismo. ETA es —se ha dicho muchas veces— un producto genuinamente franquista. Pero a diferencia de los demás legados siniestros de la dictadura, que fueron siendo extirpados a medida que arraigaba la democracia, en este caso eso no ha sido posible, y la banda terrorista sigue proyectando su sombra asesina sobre la vida colectiva de los vascos y del conjunto de los españoles.

En el País Vasco no hay, pues, un solo problema con dos caras: la política y la violenta. Se trata de dos problemas diferentes. La desafección de los nacionalistas respecto de la Constitución y la persistencia del terrorismo responden a causas distintas. La naturaleza de ambos conflictos no puede confundirse. Si queremos analizarlos con rigor, algo imprescindible para abordar su solución, vale más admitir esa complejidad. Empeñarse en atajarlos con una única estrategia conlleva efectos no deseados, y en general contraproducentes.

A pesar de la radicalización de sus posiciones en estos últimos años, el PNV siempre ha sido favorable a la erradicación del terrorismo. Es verdad que su estrategia de pacificación ha partido de presupuestos diferentes a los impulsados por las fuerzas políticas de ámbito estatal. Pero esa falta de sintonía es superable. De hecho, durante el último cuarto de siglo ha habido momentos en los que la coordinación entre Madrid y Vitoria para luchar contra el terrorismo fue muy positiva. El ejemplo más claro lo tuvimos en el periodo posterior a la firma de los Pactos de Madrid y de los Acuerdos de Ajuria Enea —suscritos a finales de 1987 y comienzos de 1988 respectivamente—, cuando todos los partidos parlamentarios salvo Herri Batasuna acordaron una estrategia común contra la violencia etarra.

En aquellos años hubo un avance indudable, que se debió, por una parte, a la eficacia operativa de las fuerzas de seguridad, favorecida por la cooperación entre las policías estatal y autonómica, y de ambas con sus interlocutores al otro lado de los Pirineos. Pero también contribuyó a ello el respaldo de todos los demócratas —aunque no siempre con la misma intensidad— a la estrategia pactada en el seno de los Acuerdos y aplicada por el Gobierno. Incluso se logró sentar a ETA a negociar en Argel, si bien pronto se vieron las limitaciones insuperables de esa vía. En aquel tiempo, los partidos democráticos lideraron conjuntamente la movilización de la sociedad en favor de la paz. La detención de la cúpula de la banda terrorista en Bidart (Francia), en 1992, marcó probablemente el momento culminante de ese periodo. Por desgracia, el optimismo empezó a desvanecerse cuando algunos políticos empezaron a cambiar de actitud.

El temor nacionalista a que la derrota de ETA supusiese también, en cierta medida, la de sus ideas, empezó a resquebrajar la unidad conseguida años antes. A su vez, el PP, con Aznar al frente, consideró oportuno distanciarse del Gobierno en este tema, ya fuese por discrepancias objetivas o simplemente por celos del éxito que podría apuntarse el Ejecutivo socialista si se alcanzaba la entrega de las armas. Los tirones de un extremo y otro del mantel acabaron por mermar buena parte de la eficacia de la Mesa de Ajuria Enea. Los terroristas volvieron a recobrar el ánimo, y con ello la esperanza de poder doblegar algún día a las instituciones democráticas.

¿Podría acusarse por ello al PNV, o al PP, de tibieza para enfrentar el desafío terrorista? Rotundamente no. Sin duda, lo deseable en este terreno es que quienes dirigen la lucha contra la violencia se sientan respaldados por todos. Pero no es justo atribuir cualquier discrepancia respecto de la política del Ministerio del Interior al oportunismo, la debilidad o el miedo. Y aún menos, a una supuesta cercanía respecto de quienes asesinan.

Se equivocan el PP y su habitual coro de portavoces en temas vascos cuando, para argumentar contra la política actual del PNV, mezclan constantemente las críticas —muy fundadas— a sus planteamientos respecto del «Plan Ibarretxe» con las que se dirigen contra los grupos que apoyan y amparan a ETA. Una equivocación que se suma —en una terrible espiral de despropósitos— a la del nacionalismo vasco democrático cuando acusa a «Madrid» de no estar verdaderamente interesado en acabar con ETA. Tanto el PP como el PNV parecen sentirse cómodos ahondando en la fractura abierta entre unos vascos y otros, o entre los vascos nacionalistas y el resto de los españoles, y soportan muy mal a quienes no están alineados detrás de sus respectivas posiciones.

Pero así como al condenar las acciones terroristas no caben términos medios, al analizar las estrategias de los partidos en relación con el problema vasco en los últimos diez años, hay motivos para ser muy crítico tanto con la actuación del PNV como con la del PP. Lo que con desprecio se define como equidistancia, es en realidad el único espacio desde el que puede encontrar solución el destrozo creado por las actitudes radicalizadas de ambos partidos y de sus Gobiernos. El distanciamiento respecto de las posturas de éstos, injustificable cuando de lo que se trata es de luchar contra el terrorismo, es sin embargo imprescindible para construir las bases sobre las que levantar de nuevo un proyecto político plural e incluyente para todos los vascos.

Durante el periodo de gobierno de Aznar ha habido muchos éxitos en la lucha contra la violencia etarra. La actuación de las fuerzas de seguridad ha sido excelente, y ha debilitado a ETA hasta niveles muy significativos. El año 2003 ha registrado el menor número de asesinatos de la banda terrorista —tres muertes— desde el comienzo de la democracia. El número de atentados de todo tipo ha disminuido de manera sensible, la violencia callejera ha remitido y el entorno político y social de los terroristas ha acusado el golpe de la ilegalización de Batasuna y de la contundente actuación de la justicia contra el entramado que ha dado soporte y cobertura a las acciones de los violentos. Todo ello es enormemente positivo.

Hoy, podemos sentir que estamos más cerca que nunca de encontrar una solución definitiva al problema de la violencia. Se trata de una magnífica noticia, de la que todos los demócratas y hombres de bien —nacionalistas o no— nos debemos felicitar sinceramente. En cambio, el otro problema de Euskadi se ha agravado considerablemente. La fractura social entre uno y otro sector de la sociedad vasca es ahora más profunda que en ningún otro momento desde los comienzos de la Transición. La quiebra del diálogo entre nacionalistas y no nacionalistas casi no admite excepciones. Los Gobiernos de Madrid y de Vitoria se ignoran mutuamente.

La responsabilidad del PNV y las discrepancias del PP

Arzalluz e Ibarretxe no pueden cargar sobre sus espaldas con todas las culpas, pero si hubiese que establecer una graduación, la mayor cuota les corresponde sin duda a ellos. Su actitud, desde Lizarra hasta el «Plan Ibarretxe», ha agravado el desencuentro político entre los vascos, abriendo unas grietas que han llegado a calar en todos los rincones de la sociedad. Los nacionalistas han cometido tantos y tan graves errores en estos últimos años, que sin un giro profundo en sus actitudes será muy difícil recomponer unas mínimas bases sobre las que seguir construyendo un País Vasco que recoja en sus instituciones la pluralidad existente en la sociedad.

Fueron ellos los que se lanzaron un buen día en búsqueda de un futuro al margen del Estatuto, cuando no estaban agotadas en absoluto las posibilidades de diálogo. La ruptura del gobierno de coalición con los socialistas obedeció a las continuas provocaciones de que éstos fueron objeto por parte de sus socios nacionalistas. Meses después, la firma del Pacto de Lizarra con los portavoces políticos de ETA incorporó el compromiso de excluir a los partidos no nacionalistas de su proyecto de país. Y para colmo, los dirigentes nacionalistas manifestaron una gran insolidaridad e insensibilidad hacia los intelectuales, periodistas o políticos del PP, PSE-EE, UA o UPN amenazados por los terroristas. Cuando éstos convirtieron a todos ellos en el blanco preferido de sus atentados, buscando la mayor repercusión posible de sus crímenes, muchos nacionalistas miraron para otro lado y prefirieron seguir unidos a Herri Batasuna, sin exigirles que condenasen los atentados.

Pero los errores de unos no avalan necesariamente la actitud de quienes los denuncian. Y a estas alturas se puede decir que el PP ha fracasado rotundamente en su política vasca. ¿Cuándo comenzó esa estrategia, que en vez de integrar tiende a separar a unos vascos de otros, y a la mitad de Euskadi del resto de España?

La derecha estatal participó del consenso de los demás partidos democráticos en torno a los Pactos de Madrid y de Ajuria Enea, pero siempre se sintió incómoda en su seno, y aprovechó cualquier ocasión para marcar distancias. Desde que fue elegido candidato de AP a la presidencia del Gobierno en las elecciones de 1989, Aznar mantuvo posiciones muy agresivas contra el Gobierno en materia antiterrorista. Era habitual escuchar al entonces líder de la oposición culpar directamente al Gobierno de la carencia de una estrategia eficaz en la lucha contra ETA. En una ocasión, Aznar acudió a París a entrevistarse con Jacques Chirac y le hizo entrega de un listado de presuntos miembros de ETA, para cuya detención solicitó el apoyo francés. La lista no era conocida por los responsables del Ministerio del Interior, y preguntado por las razones de su comportamiento, dijo que había hecho lo que había que hacer, dados los escasos resultados del Gobierno socialista en la cooperación con nuestros vecinos. Así se las gastaba.

También los episodios de «guerra sucia» que tuvieron lugar desde los últimos años del franquismo hasta 1986 sirvieron al PP para desgastar al gobierno de Felipe González. El PP descubrió el carácter delictivo y moralmente reprochable de esas acciones sólo a partir del momento en que vio en ellas la posibilidad de obtener alguna rentabilidad política. Incluso en estos temas delicados, lo único que les importaba realmente era ganar votos.

Sus dirigentes tampoco se preocuparon por el deterioro producido en los servicios de inteligencia merced al montaje organizado en torno a los «papeles del Cesid» y las «escuchas telefónicas». El PP, el diario *El Mundo*, un espía traidor, un banquero que resultó ser un delincuente y algunos aventureros indeseables orquestaron un enorme escándalo que tuvo como víctima principal a quien había hecho una ingente tarea para modernizar y democratizar nuestros servicios secretos. El papel de éstos en la lucha contra ETA se vio afectado como consecuencia de esas críticas, algunas de las cuales impactaron en su misma línea de flotación. Pero eso no lo tuvo en cuenta el PP. Sus prioridades eran otras.

Las discrepancias de los populares con la política antiterrorista no quedaron ahí. Los portavoces de la derecha se oponían tajantemente a cualquier posibilidad de diálogo con quienes estuviesen dispuestos a abandonar las armas y reinsertarse en la sociedad trabajando por vías pacíficas para la defensa de sus ideas. El punto 10º de los Acuerdos de Ajuria Enea establecía con claridad los términos en los que tal diálogo era posible, pero el PP nunca estuvo conforme con ese apartado del texto, aunque lo había firmado en enero de 1988.

Los populares no admitían la reinserción y estaban a favor del cumplimiento íntegro de las penas por parte de los terroristas, incluso en los supuestos de quienes manifestasen explícitamente su compromiso con las vías exclusivamente políticas para la defensa de sus ideas. La Constitución afirma en su artículo 25-2 que «las penas privativas de libertad y las medidas de seguridad estarán orientadas hacia la reeducación y reinserción social», pero desde el PP no se quería compartir este precepto, y lo sometieron a una interpretación cicatera.

Todo ello les llevó a distanciarse de la Mesa de Ajuria Enea en un movimiento simétrico al que, en sentido opuesto, realizaban durante la primera mitad de los años noventa los dirigentes de EA y los sectores del PNV que empezaban a sondear la posibilidad de acercamiento hacia el nacionalismo radical, a cambio de marginar la vía estatutaria.

A medida que se acercaba el momento de su victoria electoral, las críticas del PP no sólo no remitían, sino que elevaban más su tono. Pocas semanas antes de las elecciones de marzo de 1996, durante una masiva manifestación de protesta por el asesinato del ex presidente del Tribunal Constitucional Francisco Tomás y Valiente, Aznar llegó hasta el extremo de utilizar al servicio de sus intereses partidistas la voz de las decenas de miles de personas que habían salido a la calle para expresar su indignación contra los asesinos y su solidaridad con la víctima. Preguntado acerca de cuáles eran sus reflexiones, mientras marchaba junto con otros dirigentes políticos al frente de la manifestación, dijo que la protesta se debía «a que la lucha antiterrorista va muy mal».

Su programa electoral para esas elecciones hablaba de la necesidad de una estrategia contra ETA basada en algunos pilares básicos: firmeza democrática, unidad, sentido común y estricta observancia de la ley. Era obvio que en algunos de ellos no quedaba bien reflejado su comportamiento de los años anteriores. Quizá por eso mismo, se proponía «recuperar el espíritu de 1986-1992», curándose en salud frente a las posibles acusaciones de incoherencia. El programa insistía además, con toda la razón, en la necesidad de ayudar a las víctimas del terrorismo —entonces bastante relegadas a un segundo plano— y proclamaba que «no hay atajos en la lucha antiterrorista», lo que era una justa manifestación de rechazo a la utilización de procedimientos no sujetos a la legalidad. También reiteraba su oposición a cualquier acortamiento en el periodo de cumplimiento de las penas impuestas por los tribunales a los condenados por delitos de terrorismo.

La política del PP a partir de 1996

Una vez ganadas las elecciones, el Gobierno socialista saliente puso al corriente al PP, y en concreto a Jaime Mayor Oreja, de los contactos abiertos a través de los buenos oficios del premio Nobel de la Paz Adolfo Pérez Esquivel con algunos interlocutores que, de modo más o menos directo, decían representar a la dirección de ETA. Mayor se apresuró a ponerlos en conocimiento de los periodistas, lo que equivalía a cortarlos de raíz, desde el momento mismo en que fuesen hechos públicos. Confirmaba así su intención de poner fin a la larga serie de intentos desplegados en años anteriores para mantener abiertas algunas vías de comunicación entre los responsables de la lucha antiterrorista y quienes decían hablar con la dirección etarra. Con ello renunciaba a explorar el terreno por si surgía alguna posibilidad de negociación, o simplemente para «tomar la temperatura» de lo que sucedía en el entorno etarra; algo que el PP siempre había criticado, pero que muchos expertos consideraban necesario hacer de vez en cuando.

Pero el mayor error de quienes estaban a punto de ser los nuevos responsables de la política antiterrorista se cometió durante las conversaciones que llevaron al acuerdo de investidura de Aznar. Los negociadores del PP no consideraron oportuno exigir a los nacionalistas vascos compromisos concretos para obtener su colaboración en la lucha contra ETA, a diferencia de lo que habían hecho los gobiernos anteriores. Todo indica que ese asunto nunca fue abordado en profundidad por las delegaciones que prepararon las condiciones que harían posible el apoyo del PNV al futuro Gobierno, aunque por diferentes vías se conoció una conversación entre Arzalluz y Aznar mantenida por aquellos días en la que se abordaron de forma tangencial estos temas.

En un artículo que escribí en *El País* el 9 de septiembre de 1998, me atreví a imaginar, basado en las versiones que circulaban procedentes de unos y de otros, cuál podía haber sido el tenor de aquel diálogo. Reproduzco aquí sus primeras líneas: «Cuando la piscina tenga agua, me arrojaré a ella» dijo Aznar (refiriéndose a la posibilidad de dialogar con ETA), «pero de momento está seca». «Es verdad», reconoció Arzalluz, «pero déjame trabajar para llenarla». «Soy escéptico y no te ayudaré en esa tarea, pero si lo consigues no dejes de avisarme», añadió Aznar dando por zanjada la conversación. Según esa versión, no desmentida, a partir de marzo de 1996 el PNV quedaba desligado de cualquier compromiso con el Gobierno central a la hora de implementar su propia estrategia para atraerse al nacionalismo radical y convencer a ETA para que dejase las armas. Gran irresponsabilidad la suya, porque una cosa era que ni La Moncloa ni el Ministerio del Interior quisiesen tantear la posibilidad de ganar para las vías pacíficas a quienes hasta entonces apoyaban la violencia, y otra muy diferente que no mostrasen ningún interés por vigilar y evaluar lo que sus socios nacionalistas hacían por su cuenta. Así que PP y PNV iban a ser aliados fieles en todo salvo en este terreno, donde ambos preferían desconocer lo que hacía el otro y mantenerse libres de ataduras. Las consecuencias funestas de este pacto se irían viendo con el tiempo.

De momento, la actitud de Aznar, una vez investido presidente con el voto de los nacionalistas vascos, marcó algunas diferencias de matiz respecto de sus posiciones anteriores. Ya no organizó ningún escándalo cuando se descubrieron unas escuchas telefónicas ilegales en una sede de Herri Batasuna. Ni el Gobierno tuvo prisa por desclasificar los famosos «papeles del Cesid». Y en aras de aproximar posturas con sus aliados, el PP cambió de criterio sobre el cumplimiento íntegro de las penas, aunque años más tarde, con mayoría absoluta, volvió a su posición inicial. Por supuesto, desde el día en que Aznar atravesó la verja de La Moncloa, las manifestaciones convocadas para protestar contra los atentados de ETA eran, de nuevo, un síntoma más de la colaboración ciudadana con los responsables gubernamentales. El ministro del Interior, Jaime Mayor Oreja, reanudó las medidas de reinserción que aplicaba el PSOE, olvidando las anteriores críticas del PP. El propio Mayor anunció con cierta solemnidad, en un acto político de su partido, que gracias a los pactos con el PNV se había puesto fin a los contenciosos que se arrastraban desde el siglo XIX entre los vascos y el resto de España.

Hubo dos imágenes que enmarcan bien aquella «luna de miel». La primera de ellas tuvo como protagonista a Arzalluz. En su visita a la sede popular de la calle Génova, el presidente del PNV, rebosante de satisfacción, comparó la seriedad de los compromisos alcanzados con el PP con los continuos incumplimientos y desacuerdos que habían marcado, según él, las relaciones con los socialistas. Éstos, que todavía seguían siendo sus socios en el Gobierno de Vitoria, tuvieron que aguantar que el líder nacionalista les comparase continuamente con Aznar, Mayor y Álvarez Cascos, con ventaja para éstos. La segunda imagen es la del *lehendakari* Ardanza abrazando a Aznar al pie del avión en el que éste acababa de aterrizar en Sondika, para realizar su primer viaje oficial al País Vasco. Un viaje organizado como si de la visita de un estadista extranjero se tratara, sin que el protocolo de La Moncloa se inmutase por ello. Pero lo más significativo de aquella fotografía es la lectura subliminal que algunos quisieron hacer, equiparando el «abrazo de Sondika» al que siglo y medio antes se habían dado Espartero y Maroto, en el famoso «abrazo de Vergara», con el que se puso fin a la primera guerra carlista.

El «espíritu de Ermua» y la nueva estrategia del PP

En julio de 1997, ETA asesinó a Miguel Ángel Blanco. La especial crueldad con la que actuaron los terroristas provocó una espléndida reacción ciudadana. Primero las calles de Ermua, y enseguida las de todo el País Vasco, se llenaron de gente gritando ¡Basta ya! A partir de ese momento, el gobierno Aznar y su partido decidieron articular una estrategia de movilización de todas las energías disponibles, dentro y fuera del País Vasco, para luchar contra el terrorismo. Pero su decisión encubría otro propósito: contener a los nacionalistas, y ganarles las elecciones autonómicas. Un objetivo absolutamente legítimo, pero que no debió mezclarse con el anterior, salvo que se quisiese correr el riesgo de dividir a los demócratas, como efectivamente sucedió a partir de entonces.

Las víctimas del terrorismo ocuparon la primera línea en esa batalla. La conmoción provocada por las especiales circunstancias que rodearon la muerte de Miguel Ángel Blanco generó una solidaridad reforzada para con ellas y sus asociaciones. A la labor de movilización ciudadana que había realizado hasta entonces casi en solitario Gesto por la Paz, se empezaron a unir otras plataformas, como el Foro de Ermua. Los asesinatos de políticos del PP y del PSE, y de otros luchadores significados a favor de la paz, junto con los atentados y amenazas contra algunos de los periodistas que más destacaron en la denuncia de esos crímenes, generaron a su vez reacciones más intensas que nunca entre los líderes de opinión. La vileza de ETA estaba despertando, por fin, muchas conciencias.

Sin embargo, no todo fue tan positivo. El PP vio en la nueva situación una excelente oportunidad para capitalizar ese movimiento en su favor. Y el PNV se asustó ante la posibilidad de que el movimiento de fondo desatado en la sociedad vasca acabase por afectar a su base electoral. Los dos partidos con responsabilidades de gobierno empezaron a calcular cuántos votos podían ganar o perder en ese nuevo escenario. Eran socios en el Congreso de los Diputados, mantenían unas relaciones institucionales más que correctas, pero empezaban a afilar sus espadas para disputarse la hegemonía. Y a utilizar de una u otra manera el terrorismo y el dolor de las víctimas al servicio de sus respectivos partidos.

La nueva estrategia del PNV

A comienzos del año siguiente, Ardanza presentó su Plan. Formalmente se trataba de responder a un encargo que le hizo la Mesa del Pacto de Ajuria Enea, para desbloquear una agenda cada vez más cargada de desacuerdos entre Madrid y Vitoria. A la hora de condenar los atentados de ETA, los partidos democráticos seguían estando unidos. Pero en cuanto intentaban llevar a cabo otras iniciativas, las discrepancias, sobre todo entre PNV y PP, conducían a una parálisis total de la Mesa.

El Plan del *lehendakari* suponía, según su autor, la última oportunidad para la supervivencia del Pacto. En ausencia de violencia, Ardanza proponía que lo que decidiesen las instituciones vascas en materia de autogobierno debía ser endosado por las Cortes Generales, haciendo un claro guiño a los defensores del derecho de autodeterminación. Pero su planteamiento disentía de los radicales en un punto muy importante, pues aceptaba que había que partir inexcusablemente del ordenamiento vigente para introducir modificaciones del marco jurídico del autogobierno. Éstas, con independencia de cuál fuese su respaldo en el País Vasco, deberían ser tramitadas conforme a las reglas establecidas para la reforma estatutaria, y llevarse a cabo, además, sin la espada de Damocles de la amenaza terrorista. Se dijo entonces que las propuestas de Ardanza no habían recibido un respaldo caluroso de la dirección del PNV, que para entonces ya estaba apostando por establecer acuerdos con representantes de Herri Batasuna.

Pero fuesen ciertos o no los problemas que pudiese tener el *lehendakari* en su propio partido, lo que sí resultó evidente fue el rechazo total de Aznar. Días después de la visita de Ardanza a La Moncloa, recibí sus explicaciones acerca de la propuesta, en mi calidad de secretario general del PSOE, acompañado del entonces líder de los socialistas vascos Redondo Terreros. Desde el primer momento percibí dificultades insalvables para aceptar el Plan en su redacción original, y así se lo dije al *lehendakari.* Su contenido no era asumible, en la medida en que planteaba el llamado «ámbito vasco de decisión». Pero también le trasladé que estaba dispuesto a debatirlo, poniendo sobre la mesa con claridad tanto los acuerdos como las discrepancias. Sólo puse como condición que Aznar estuviese en la misma disposición, pues no parecía conveniente que el Gobierno de España quedase aislado en una materia tan importante. Aznar, sin embargo, rechazó al ciento por ciento el contenido del Plan, y me comunicó personalmente que se negaba a mantener cualquier reunión, ni siquiera para hacer un repaso de las posiciones respectivas. Eso equivalía al fracaso absoluto de la iniciativa. Pocos días después, la Mesa de Ajuria Enea —en su última reunión— certificó ese triste final. Visto lo visto desde entonces, aquella muestra de lealtad del PSOE con el gobierno Aznar no mereció la pena en absoluto.

En la primavera de 1998, los socialistas vascos se vieron obligados a abandonar el Gobierno de coalición con el PNV, del que habían formado parte —con algunas interrupciones— desde 1986. La convivencia entre los nacionalistas vascos y socialistas, extendida también a las diputaciones forales y a muchos municipios, fue extraordinariamente difícil y complicada, dada la concepción patrimonial de todo lo vasco por parte del PNV. Pero con todo, aquellos años ofrecieron un balance globalmente positivo: supusieron un claro reconocimiento del carácter plural de la sociedad vasca, mitigaron las tentaciones excluyentes del nacionalismo, y contribuyeron a normalizar las relaciones de las instituciones de Euskadi con las del conjunto de España.

La tregua de ETA

La ruptura respondió a la provocación de que estaba siendo objeto el PSE. Aznar, sin embargo, no perdió la ocasión para arremeter —¡también en este caso!— contra los socialistas, calificando su decisión de «frívola y electoralista». Para entonces, y a sus espaldas, los nacionalistas llevaban meses perfilando con los dirigentes de HB lo que se hizo público en septiembre: la firma del Pacto de Lizarra y la tregua de ETA.

¿Conocía el Gobierno central lo que se estaba cociendo? Si la respuesta a esa pregunta fuese positiva, ¿cómo es posible que no anticipase una estrategia alternativa? Tiendo a pensar que ni Aznar ni Mayor Oreja dispusieron de información fidedigna sobre la inminencia de la tregua; de lo contrario, su comportamiento al quedarse de brazos cruzados habría sido suicida. En realidad, horas antes de que ETA hiciese pública su decisión de interrumpir sus atentados por tiempo indeterminado, el propio Mayor Oreja decía no dar crédito a los rumores que anticipaban el anuncio. Desde el PSOE, y con base en las informaciones que nos llegaban sobre lo que podía estar a punto de ocurrir, en los días previos instamos al Gobierno a adoptar alguna iniciativa. Publiqué un artículo en ese sentido, al que ya antes he hecho referencia.

A la imprevisión previa a la tregua le sucedió, una vez que ésta se hizo pública, una estrategia muy confusa por parte del Gobierno. Frente a algunas muestras de optimismo esperanzado, tanto por parte de Aznar como del entonces portavoz Piqué, el ministro del Interior hablaba de «tregua-trampa», lo que un año y medio más tarde se reveló acertado. Pero su afirmación no concuerda con el hecho de que el propio Gobierno acabase enviando una delegación —uno de cuyos miembros era el asesor electoral de La Moncloa— a conversar con varios miembros de ETA, a los que Aznar denominó ¡«representantes del MLNV [Movimiento de Liberación Nacional Vasco]»! En cambio, el Ejecutivo se resistió a tomar la medida que hubiese tenido la virtud de desactivar mucha tensiones acumuladas a lo largo de los años, y que en caso de ruptura del alto el fuego era de naturaleza plenamente reversible: el acercamiento de los presos etarras a las cárceles vascas o, en todo caso, a las más próximas al territorio de la Comunidad Autónoma.

Tampoco hubo, en aquellos quince meses, suficiente diálogo entre el PP y el PNV. Lo cual es bastante sorprendente si se tiene en cuenta que todavía eran socios parlamentarios. Una conversación a calzón quitado entre ambos sobre los problemas políticos que perturbaban las relaciones entre el País Vasco y el resto de España hubiese podido despejar malentendidos, aclarar puntos de vista y, en el mejor de los casos, acercar las respectivas posturas. Pero ambos prestaron en aquellos momentos más atención a sus respectivas clientelas políticas que a la búsqueda de una estrategia cooperativa para trascender la tregua y avanzar hacia la paz.

El PNV ganó las elecciones celebradas un mes después del anuncio de la tregua, y de acuerdo con sus compromisos del Pacto de Lizarra, optó por gobernar con el apoyo de HB. El PP, por su parte, profundizó el giro en su política vasca iniciado bajo «el espíritu de Ermua», buscando la polarización entre nacionalistas y no nacionalistas y la sustitución del PSE-PSOE en el liderazgo de estos últimos. La ruptura pública definitiva del pacto entre populares y nacionalistas vascos no tuvo lugar hasta varios meses después, en el debate sobre el estado de la nación de junio de 1999.

Un mes más tarde, el PNV comprobó que los portavoces de ETA estaban decididos a poner fin a la tregua, después de un rocambolesco proceso de contactos, en los que sus representantes llegaron incluso a firmar un borrador de acuerdo con los terroristas. Sin embargo, las condiciones que éstos pusieron sobre la mesa para prolongar el alto el fuego no podían ser asumidas por ningún demócrata. Ya sólo quedaba esperar el momento en que se anunciase formalmente el final de un periodo que levantó muchas esperanzas en una sociedad cansada de tanta muerte. Antes de que acabase 1999, ETA publicó un comunicado advirtiendo de que volvía a utilizar las armas.

Desgraciadamente, no hubo que esperar mucho tiempo para comprobarlo. Primero fue un militar en Madrid. Y en plena precampaña electoral, una bomba estallaba junto a Fernando Buesa y su escolta, cuando se dirigían a pie al despacho del portavoz parlamentario del PSE. Su voz, que tantas veces se había levantado en defensa de los derechos humanos, de la libertad, de los sectores más débiles de la sociedad vasca, del autogobierno y del concierto económico, ya no volvería a escucharse. La débil reacción del PNV produjo una profunda irritación entre los socialistas, que creyeron con toda la razón que sus antiguos socios de gobierno y compañeros de tantas vicisitudes durante el franquismo debían haber aprovechado esa trágica oportunidad para desmarcarse clara y definitivamente del Pacto de Lizarra y de quienes no condenaron el asesinato de Fernando.

Mayoría absoluta: se acabó el diálogo

Tras la mayoría absoluta en marzo de 2000, el PP puso toda la carne en el asador para hacer avanzar su estrategia vasca. El PSE-PSOE, relegado a la condición de cuarta fuerza política en el Parlamento de Vitoria, apoyó la exigencia de los populares a Ibarretxe para que pusiese fin a una legislatura viciada por el apoyo que su Gobierno había recibido de HB.

A instancias del PSOE, y después de superar las reticencias iniciales expresadas en nombre del Gobierno por Mariano Rajoy, PP y PSOE suscribieron el «Acuerdo por las libertades y contra el terrorismo». Sus cláusulas responden a su enunciado, y leídas hoy siguen manteniendo su plena validez, aunque el Gobierno del PP no siempre se ha comportado lealmente con ellas, por ejemplo al presentar unilateralmente en el Parlamento una serie de medidas legales contra el terrorismo sin debatirlas previamente en el marco del Acuerdo. Pero lo más criticable ha sido la lectura que ha hecho el PP del sentido político que quisieron darle sus firmantes. Basándose en un preámbulo muy poco afortunado, añadido en los instantes previos a la firma, los populares han interpretado siempre que el pacto con el PSOE lleva implícita una estrategia común contra los nacionalistas, desvirtuando su auténtico objetivo y mezclando de forma indeseable la lucha contra ETA y las estrategias partidistas.

El *lehendakari* fijó el 13 de mayo de 2001 como fecha electoral. Hasta ese mismo día se mantuvo la incertidumbre sobre de qué lado se inclinaría la balanza. Finalmente, los votantes decidieron confiar nuevamente el gobierno al PNV. Ibarretxe no tenía mayoría absoluta ni siquiera sumando los votos de IU-EB a los de la coalición PNV-EA, pero esos tres partidos juntos sumaban más parlamentarios que PP y PSE-PSOE. Los nacionalistas ya no dependían del voto de HB, que había perdido la mitad de los obtenidos en 1998.

Los partidos no nacionalistas reaccionaron de manera distinta ante unos resultados que quedaron por debajo de sus expectativas. Mientras que en el seno del Partido Socialista ganaron terreno los partidarios de una estrategia autónoma respecto de los populares, Aznar zanjó cualquier atisbo de discusión en el seno de su partido avanzando que había que mantener la misma política, y que en la próxima ocasión se conseguiría el triunfo que esta vez no había podido llevar a Mayor Oreja hasta el Palacio de Ajuria Enea.

La incomunicación entre los Gobiernos de Madrid y Vitoria aumentó aún más en ese nuevo escenario hasta desembocar en un clima muy enrarecido. El único elemento positivo de las relaciones entre ambos durante ese periodo fue la renegociación del Concierto Económico. Al margen de ese acuerdo, que atraviesa hoy por ciertas dificultades en su aplicación pero que posee la virtud de tener una duración indefinida, los contactos entre miembros de uno y otro Gobierno prácticamente han desaparecido. Aznar e Ibarretxe raramente se han dirigido la palabra en estos años, y cuando lo han hecho ha sido de manera circunstancial, cuando el protocolo les ha situado a uno al lado del otro en algunos actos oficiales.

Ni el PNV ni el *lehendakari* están dispuestos a dejar al nacionalismo radical un espacio para que se recuperen de su derrota. Pretenden, por el contrario, asegurar su hegemonía sobre ese sector de la sociedad vasca integrando el discurso de los radicales en el suyo propio. El «Plan Ibarretxe» es la mejor muestra de ello. Y la ilegalización de Batasuna, con independencia de las muchas razones que la justifican, y de sus efectos positivos para segar la hierba debajo de los pies de los terroristas acosando a sus ramificaciones políticas, otorga al PNV una magnífica oportunidad para hacer realidad sus objetivos más ambiciosos. Por si fuera poco, la virulencia con que les ataca el PP, confundiendo deliberadamente las críticas a la política del PNV y del Gobierno vasco con las que dirigen contra ETA y su entorno, aporta más agua al molino nacionalista.

La principal queja del PNV, con la que intenta explicar su huida hacia delante, es el incumplimiento del Estatuto por parte del Gobierno de Madrid. Al menos, eso es lo que se ha empleado como excusa para apoyar un Plan que da por superado el marco de autogobierno acordado por la inmensa mayoría de los vascos. Pero la profunda deslealtad con el Estatuto de Gernika en la que están embarcados Ibarretxe y su partido no tiene justificación posible. La vía que quiere transitar el *lehendakari* con su Plan choca de forma inexorable con las reglas del juego que todo demócrata debe respetar, empezando por quien ocupa la máxima responsabilidad institucional de la Comunidad Autónoma. Su iniciativa, además, profundiza en la división de la sociedad vasca, y las consecuencias que pueden derivarse de ella son imprevisibles, y en todo caso muy negativas. Pues las únicas alternativas posibles son el decaimiento del Plan —ante su previsible falta de apoyos entre los propios vascos— o el intento de imponerlo aprovechando el miedo creado por la amenaza siempre presente de ETA. Y cualquiera de las dos conduce a un callejón sin salida: en el primer caso, se producirá una profunda frustración del nacionalismo, que se quedará sin alternativa; en el segundo, los no nacionalistas se sentirán oprimidos y coaccionados.

Frente a ello, la terapia que está aplicando el PP para afrontar este desafío del nacionalismo vasco a todos los demócratas no nacionalistas está equivocada. Porque la mejor manera de combatir el «Plan Ibarretxe» no consiste en esquivar el debate sobre sus contenidos, que es precisamente lo que se está haciendo. El Gobierno central se ha negado hasta ahora a abrir las puertas de La Moncloa a Ibarretxe. La comunicación entre nacionalistas y no nacionalistas ha quedado reducida a la mínima expresión, y cuando se produce es contemplada con recelo y desconfianza por los más aguerridos de cada uno de los bloques. Se habla mucho del País Vasco, pero cada vez se echa más en falta el diálogo entre vascos de uno y otro signo.

Los encontronazos virulentos entre el PNV y el Gobierno en el Congreso, durante la última legislatura, han sido una de las pocas ocasiones en que se han podido contrastar los argumentos de quienes tienen la responsabilidad de gobernar en los dos polos de este contencioso. Y el repaso de los Diarios de Sesiones produce una sensación muy penosa. El hasta hace poco tiempo portavoz nacionalista en el Congreso de los Diputados, Iñaki Anasagasti, denunció en el último debate sobre el estado de la nación, en junio de 2003, que Aznar mantenía una idea excluyente de España. «No nos quieren en España. Nos ha echado de España, de su España», le espetó al presidente del Gobierno, quejándose amargamente de la negativa de Aznar a recibir a Ibarretxe. Anasagasti también condenó la confusión intencionada que establece el discurso gubernamental entre nacionalistas vascos y nacionalistas violentos. «¿Quién es el enemigo, ETA o el PNV?», se preguntó. Su partido, dijo, siempre ha defendido que el combate contra el terrorismo es imprescindible. No en vano, según ellos, muchos de los que sufren de cerca las consecuencias de la violencia son los propios nacionalistas, que también han sufrido atentados y soportan en su propia tierra la violencia callejera o la extorsión económica. La réplica de Aznar consistió en criticar con mucha dureza la decisión del PNV de no separarse de Batasuna, acusándoles de deslealtad con el Estado, de insolidaridad con las víctimas del terrorismo y de quebrar las reglas del juego.

«A quienes se ha expulsado es a miles de vascos», respondió Aznar a Anasagasti.

Posiciones constructivas

¿A quién beneficia la exacerbación de la tensión a la que está sometida Euskadi? ¿Qué pueden ganar los defensores del Estatuto y de la Constitución al favorecer la polarización de la sociedad en torno al conflicto entre nacionalistas y no nacionalistas? ¿Es que sólo cabe acudir a los tribunales para contrarrestar las iniciativas del PNV y de Ibarretxe? ¿No sería mejor contraponer argumentos políticos, de entre los muchos que se pueden alegar con solidez, para no correr el riesgo de que esas iniciativas ganen respaldo entre los electores vascos?

Quienes intentan reconducir esa confrontación hacia cauces menos sanguíneos y más pausados son inmediatamente descalificados y apartados de la cancha por los protagonistas principales del combate. Eso es lo que les ha sucedido al PSOE y a los socialistas vascos. Hasta después de las elecciones de marzo de 2000 y del asesinato de Buesa, el entonces secretario general del PSE-EE Redondo Terreros intentó hacer de puente entre el PNV y el PP. Trató de convencer al PP vasco para que aceptase discutir el Plan Ardanza y no diese el golpe de gracia a la Mesa de Ajuria Enea. Mantuvo abiertos los canales de comunicación con Ibarretxe y Arzalluz, incluso después de decidir abandonar el Gobierno de coalición de Vitoria, sin que ello le enajenase la interlocución con Mayor Oreja. Hasta tuvo algún contacto con HB. Pero la incapacidad de los nacionalistas para variar su estrategia tras la ruptura de la tregua le llevó a cortar su relación con ellos y a sumarse a la estrategia del PP, fiándolo todo a una victoria del bloque PP-PSE en las elecciones de mayo de 2001. El sectarismo con el que el gobierno Aznar y el PP reaccionaron ante el fracaso de ese intento arrastró a Redondo a una situación insostenible, que acabó con su dimisión. La nueva dirección de los socialistas vascos, con Patxi López al frente, ha procurado encontrar su espacio, diseñando posiciones propias, ajenas tanto a la política del PNV como a las consignas del PP.

Un buen relato de esta nueva estrategia, tan difícil como necesaria, se encuentra en la ponencia que Ramón Jáuregui elaboró para el Congreso extraordinario del PSE-EE, tras la dimisión de Redondo. Partiendo de una sociedad vasca que es «un mosaico de identidades y sentimientos políticos» con una enorme pluralidad interna, Jáuregui denuncia que «la política vasca… está paralizada, bloqueada en la incomunicación y en el desencuentro entre sus fuerzas políticas». Y añade: «... seguirá bloqueada mucho tiempo si cada partido se aferra a sus posiciones y, sosteniéndolas como inquebrantables, se cierra a todo diálogo con el adversario».

El texto desmonta de manera contundente muchos de los argumentos sobre los que el PNV basa su visión del diálogo. En relación con la autodeterminación afirma «… es radicalmente falso que los ciudadanos y ciudadanas vascas no tengan derecho de autodeterminación». «Los socialistas nos negamos a considerar otra forma de ejercicio de la determinación libre de los vascos que los que contempla nuestro ordenamiento, incluso para modificarlo y sujetarse a otras reglas». Y frente al «ámbito vasco de decisión» que reclaman los nacionalistas, Jáuregui dice: «Nunca tuvo el pueblo vasco un ámbito de decisión tan extenso».

Pero con la misma claridad, el documento critica también los errores cometidos por el Gobierno del PP. «La ausencia de un pacto de fondo entre el Gobierno vasco y el Gobierno del Estado en la estrategia contra el terrorismo facilitó la ruptura del Pacto de Ajuria Enea y la fuga del nacionalismo vasco del consenso democrático contra ETA». Y refiriéndose a la situación posterior a las elecciones de 2001, dice: «El Gobierno del PP ha decidido mantener todos sus postulados de enfrentamiento al nacionalismo a la espera de una segunda vuelta electoral en el 2005».

A la hora de apuntar soluciones, Jáuregui afirma: «La sociedad vasca no tiene más solución que la transversalidad y la integración». «Mantener ese proyecto no quiere decir pactar hoy con los nacionalistas. No es posible». ¿Qué hacer entre tanto? Frente a tanto derrotismo, Jáuregui propone que el PSE-PSOE se ofrezca como «el partido de la esperanza», basando su oferta política «en base a los principios que definen el futuro del país: unidad democrática contra ETA, respeto a los proyectos democráticos de cada partido en el marco del Estatuto y la Constitución y construcción social de Euskadi desde el pluralismo y la libertad». Pero con los socialistas en la oposición, tanto en Vitoria como en Madrid, sus llamadas sensatas a la transversalidad, a la defensa y reconocimiento del pluralismo y a la práctica efectiva del diálogo no han encontrado eco en ninguno de los partidos mayoritarios de uno y otro Parlamento.

Al otro lado del océano Atlántico, los canadienses también se enfrentan al desafío de encontrar el encaje de uno de sus territorios en el conjunto del país: han estado a punto de decidir por referéndum la separación de Quebec. En una entrevista concedida hace pocos meses al diario *El País*, un quebequés, ministro del Gobierno federal, trasladaba a la opinión pública española algunas reflexiones sumamente interesantes sobre su experiencia. El ministro Stéphane Dion, refiriéndose a los deseos de una parte de sus paisanos de alcanzar la independencia, decía: «Una decisión tan trascendental exige un consenso muy serio, y no una mayoría ocasional que puede cambiar según sople el viento de la política o de la economía». Y sobre la relación existente entre las reivindicaciones secesionistas y la democracia, Dion afirmaba: «En la democracia caben necesariamente todos los ciudadanos. No se puede relativizar la solidaridad en función de la lengua, la religión o la pertenencia territorial. La secesión, por el contrario, obliga a elegir entre tus conciudadanos, a optar entre los que consideras tuyos y los que quieres transformar en extranjeros. Nadie tiene vocación de extranjero en una democracia. Y por eso no ha habido secesiones en las democracias bien establecidas. Eso es algo que únicamente se ha producido en los contextos coloniales o en la transición a la democracia de un régimen totalitario». El entrevistador preguntó a Dion cómo combatir a los nacionalismos secesionistas, y el ministro canadiense respondió: «Demostrando que la separación es un grave error, tratando de convencer a la gente de que somos complementarios, de que las identidades no se restan, se suman; que ser quebequés y canadiense es maravilloso y que si me quitan Canadá mutilan algo mío, porque hay una dimensión canadiense en mi pertenencia quebequesa». Finalmente, preguntado por la eficacia de una actitud conciliadora, respondió: «Parto de la idea de que un conciudadano partidario de la separación no es, en absoluto, mi enemigo. Busco dialogar con él y convencerle. (...) A la injuria no se le combate con la injuria, que no deja de ser el arma del débil. Se le combate con argumentos y con la pasión de la razón desde el respeto más escrupuloso y la máxima cortesía. Además, nuestros argumentos son muy poderosos».

Perspectivas de futuro

¿Por qué no abordar también el conflicto político vasco con las ramas del diálogo y de la persuasión? ¿O ya es demasiado tarde para ello? En absoluto. La desaparición de Aznar y Arzalluz del primer plano de la vida política ofrece una oportunidad excelente para recuperar el tiempo y el terreno perdidos, sentando a nacionalistas y no nacionalistas en torno a una mesa. En cambio, la actitud de huida hacia delante que ha prevalecido en los últimos tiempos augura el agravamiento de los actuales conflictos y la aparición de un escenario de enfrentamiento abierto, de consecuencias imprevisibles.

¿Será capaz el *lehendakari* de convocar finalmente el referéndum en torno a su Plan, después del voto abrumadoramente negativo que saldrá con toda seguridad de las Cortes Generales? ¿Desafiará con su actitud el ordenamiento vigente? ¿Es consciente de que lo único que va a conseguir con ello es consolidar una profunda división en el seno mismo de la sociedad vasca? Incluso en el supuesto de que las próximas elecciones vascas le otorgasen al PNV y a sus actuales aliados —EA e IU-EB— una mayoría más amplia que la actual, ¿hasta dónde están dispuestos los nacionalistas a tensar la cuerda? El nuevo presidente del PNV, Josu Jon Imaz, hombre de talante moderado y dialogante, está obligado a responder cuanto antes a esas preguntas.

Y mirando hacia Madrid, ¿alguien se ha parado a pensar lo que supondría aplicar la reforma del Código Penal que, de manera improvisada y en un claro fraude al Parlamento, aprobó el PP para poder disponer de un instrumento —legal pero antidemocrático— capaz de llevar a la cárcel a Ibarretxe o a Atutxa? ¿Creen de verdad los dirigentes del PP —se llamen Mayor Oreja, Aznar o Rajoy— que es sensato agitar frente a los nacionalistas la posible aplicación del artículo 155 de la Constitución, para suspender la autonomía vasca? ¿Han previsto cuál sería el siguiente paso, tras una decisión de ese calibre? ¿No se dan cuenta de que cada vez que amenazan con ese tipo de medidas excepcionales, o fuerzan las reglas del Estado de derecho con un talante muy poco democrático, lo único que consiguen es deslegitimar a la democracia española a los ojos de muchos vascos, entregándoles en manos de los nacionalistas?

Desde hace tiempo está claro que ninguna de las dos mitades de la sociedad vasca podrá convencer de las bondades de su proyecto político a la otra mitad, salvo por la fuerza o la imposición. Cada vez que desde el PNV o desde el PP se ha tratado en estos años de probar si era posible lograr ese convencimiento, se ha reducido el pluralismo y se han recortado las posibilidades de que cada ciudadano vasco exprese sus puntos de vista y sus sentimientos de pertenencia con total libertad.

Pero incluso si una de esas dos mitades consiguiese imponer transitoriamente su posición, la situación sería inestable y la tensión social acabaría produciendo conflictos aquí o allá. Un escenario en el que ETA, hoy relegada y muy debilitada, podría encontrar su oportunidad para reaparecer como un actor protagonista.

Es de esperar que en el futuro todos hayan aprendido de la nefasta experiencia de este último periodo. O sea, que Zapatero, Rajoy e Imaz decidan no seguir por la senda de intolerancia, tozudez e irresponsabilidad por la que han conducido los problemas políticos del País Vasco tanto Aznar y Mayor Oreja como Arzalluz e Ibarretxe. Porque estos cuatro políticos son los responsables de haber situado el problema vasco en un nivel de tensión y de enquistamiento que hubiese sido impensable hace unos pocos años. Buscar una salida democrática a esta encrucijada es, probablemente, la principal tarea del gobierno que surja de las elecciones de marzo de 2004.

CAPÍTULO VI

El presente contra el futuro económico

«Yo soy el milagro», respondió Aznar al periodista de *The Wall Street Journal* que le preguntaba por los buenos resultados de la economía española. En ese momento, solamente llevaba un año al frente del Gobierno. Si un observador imparcial hubiese analizado entonces los principales indicadores económicos, habría tomado nota, sin duda, de la mejoría de muchos de ellos, pero también habría dicho que el presidente del Gobierno no sólo exageraba los poderes propios de un gobernante democrático —que no suelen incluir la taumaturgia— sino que estaba apropiándose de los méritos que correspondían al Gobierno anterior, y sobre todo a un entorno internacional muy favorable. ¿Cuánto pudo haber influido su política económica en tan corto espacio de tiempo? ¿En qué medida se benefició el nuevo Gobierno de la herencia de su antecesor? ¿Qué hay de cierto, y de falso, en los logros económicos de la derecha?

Demos al César lo que es del César, y admitamos que la economía mejoró considerablemente durante la primera legislatura del Gobierno popular, y que las cosas no han empeorado drásticamente en la segunda. Pero eso es una cosa, y otra muy distinta pensar que, gracias a los gobiernos del PP, todos los problemas de la economía española —muchos de ellos denunciados hasta la extenuación por Aznar hasta marzo de 1996— se evaporaron antes de 2000, o que el horizonte a partir de 2004 esté totalmente despejado.

En su último debate sobre el estado de la nación, el propio Aznar dejó escrito en el Diario de Sesiones del Congreso un resumen autorizado de los éxitos alcanzados bajo su mandato. Los dos principales fueron, según él, la creación de empleo y la entrada en el euro. Nadie puede discutírselo. Hoy existen en España, según la Encuesta de Población Activa del INE, cuatro millones más de puestos de trabajo que en el momento en que el PP llegó al Gobierno; y el ingreso de la peseta en el euro ha sido un paso de enorme trascendencia. Tras ocho años al frente del Ejecutivo, cualquier gobernante exhibiría ese balance con satisfacción, con independencia de cuál fuese la relación entre sus políticas y esos resultados.

El crecimiento del PIB durante los ocho años de gobierno del PP ha sido ligeramente superior al 3 por ciento anual, un porcentaje superior al promedio registrado desde 1975 hasta hoy, aunque queda lejos del 4,5 por ciento anual alcanzado en la anterior fase expansiva de nuestra economía, entre 1985 y 1990. Durante los trece años en que gobernaron los socialistas, que incluyen dos recesiones nacionales e internacionales muy intensas, ese promedio fue del 2,7 por ciento. En comparación con la media europea, desde mediados de los noventa hasta ahora hemos crecido más, tanto en los momentos de expansión como en los tiempos de crisis. Gracias a ello, y a que con el euro ya no hay devaluaciones, nuestra renta per cápita alcanza el 85 por ciento de la media de los «quince», frente al 78 por ciento del año 1996. El déficit público, que se situaba en el 6,6 por ciento del PIB cuando el PP llegó al Gobierno, ha desaparecido. Y la Seguridad Social tiene un superávit que ha permitido dotar su Fondo de Reserva con cerca de 12.000 millones de euros. El cuadro resultante es, sin duda, positivo. En el último informe anual del FMI sobre la economía española, publicado en noviembre de 2003, se llega a afirmar que «la experiencia española es el testimonio de que una política correcta recibe su recompensa».

Pero no es oro todo lo que reluce. Conocida la afición del PP por las técnicas de propaganda y de creación de imagen, es evidente que las ha desplegado con intensidad especial en este terreno. Quizá por eso, deja mucho que desear la información detallada sobre los resultados de su acción de gobierno, hasta el punto de que se habla de un «apagón estadístico». No obstante, esa opacidad no llega hasta el punto de impedir analizar lo sucedido realmente con sus promesas electorales. Con algún esfuerzo, se pueden desentrañar los datos y saber hasta qué punto se han aplicado las medidas anunciadas en sus programas; o averiguar cuál es la relación causa-efecto entre las medidas efectivamente adoptadas y los resultados alcanzados, así como la verdadera entidad de éstos. Tomando esas precauciones, el saldo que ofrece la gestión económica de los gobiernos de Aznar es bastante más matizado y menos brillante que el que se deduce de las versiones oficiales.

Los miembros del PP no debieran sorprenderse por ese nivel de exigencia al juzgar los resultados de su política económica, porque cuando ellos estuvieron en la oposición su vara de medir los éxitos y fracasos en este ámbito fue sumamente estricta. Durante los siete años que ejerció como jefe de la oposición, es raro encontrar una declaración de Aznar que reconociese algún resultado económico positivo a los gobiernos socialistas. Al contrario; sus diagnósticos estaban guiados por la visión negativa, cuando no catastrofista, de nuestra economía y de la política económica llevada a cabo.

Aznar tampoco moduló su lenguaje cuando se expresaba fuera de España, ni siquiera al referirse a la situación por la que atravesó la peseta en unos momentos de gran inestabilidad monetaria internacional: «No dudaría en sacar a la peseta del Sistema Monetario Internacional», afirmó tranquilamente en noviembre de 1993. Cualquier esfuerzo de inversión —como la construcción del AVE Madrid-Sevilla— fue considerado entonces como un ejemplo más del derroche y el despilfarro de recursos públicos que, según ellos, caracterizaba a la gestión socialista. «A más inversión, más corrupción», decían. Por supuesto, las denuncias del aumento del déficit y del endeudamiento públicos en los años 93-95 no tuvieron en cuenta el hecho de que nos encontrábamos sumidos en una recesión que también afectó al resto de los países europeos. Y la presión fiscal —que disminuyó en aquellos años— les parecía tan elevada que Aznar llegó a decir que era «la mayor de los países de la UE», algo absolutamente falso.

LOS BUENOS RESULTADOS, Y SUS CAUSAS

Las promesas electorales del PP en 1996 giraban en torno a tres ejes: bajada de impuestos, reducción del déficit y privatizaciones.

Estimaban un déficit público cercano al 8 por ciento —luego tuvieron que reconocer que era al menos un punto y medio inferior— lo que les llevó a anunciar drásticas reducciones del gasto corriente. «Creo que se pueden ahorrar en torno a los 500.000 millones de pesetas», avanzó Aznar en una entrevista. Aprovechando el lógico desconocimiento de las cuentas públicas por parte de los ciudadanos de a pie, decían que ese objetivo se lograría reduciendo un supuesto exceso del número de altos cargos —que pronto aumentaron en número bajo los gobiernos del PP— y recortando otros gastos superfluos. Para reforzar la credibilidad de estos compromisos, Aznar anunció que él asumiría desde La Moncloa la responsabilidad directa del control presupuestario. El profesor José Barea fue cesado a los pocos meses de haber sido nombrado responsable de la oficina encargada de informar al presidente de lo que estaba sucediendo; un tiempo suficiente como para que alguno de sus informes sirvieran a la oposición para poner en dificultades al Gobierno en el Parlamento, pues sus denuncias y sus recomendaciones caían una y otra vez en saco roto. Hoy, Barea se dedica a explicar en la prensa sus dudas sobre la veracidad de las cifras oficiales respecto del equilibrio presupuestario. Su opinión, fundada y experta, marca un contrapunto necesario ante la opacidad y el confusionismo de los datos que maneja el Gobierno para justificar su triunfalismo.

El anuncio de las bajadas de impuestos era el complemento obligado de las promesas de equilibrio presupuestario del PP en 1996. Su programa decía que en ningún caso se iba a corregir el déficit mediante subidas de impuestos, sino que ambas reducciones serían simultáneas y compatibles. Incluso avanzaba que la tarifa del IRPF tendría solamente tres tramos, el más elevado de los cuales se situaría en el 40 por ciento. Además, las cotizaciones a la Seguridad Social se reducirían en cinco puntos en un plazo de tres años. Todos esos compromisos se debían aplicar simultáneamente, por lo que a muchos observadores no les salían las cuentas.

El nuevo Gobierno empezó a actuar movido por la improvisación. Unas declaraciones del ministro de Asuntos Exteriores, Abel Matutes, especulando con el posible retraso del calendario fijado para la integración de la peseta en el euro, fueron rápidamente desmentidas por Rodrigo Rato, en medio de una reacción adversa de los mercados. Y como ya se ha dicho, en vez de tomarse el trabajo de elaborar unos nuevos Presupuestos, prefirieron acudir a la fórmula del Decreto-Ley para adoptar sus primeras medidas económicas.

Junto a la improvisación, el otro rasgo característico de los primeros pasos del Gobierno en materia económica fue el sectarismo. Parecían más interesados en ajustar cuentas con sus antecesores que en asumir sus propias responsabilidades. Muchos miembros del Gobierno buscaron con ahínco «agujeros presupuestarios» en sus departamentos, respondiendo a una consigna impartida desde La Moncloa. Javier Arenas «descubrió» que la Seguridad Social estaba en quiebra, y el propio Aznar denunció la existencia de un desfase de medio billón de pesetas en las cuentas del sistema de protección social. Pero frente a lo que hubiese sido razonable caso de ser cierta esa situación, que obviamente no lo era, no acordaron ninguna transferencia de fondos del Estado a la Seguridad Social para cubrir las carencias derivadas de la inexistencia de presupuestos.

Hubo más «descubrimientos» similares. Loyola de Palacio dijo haberse encontrado con un «agujero» de 50.000 millones de pesetas en el Ministerio de Agricultura, que luego resultó ser mucho más pequeño y tenía justificación. El ministro de Fomento insinuó que su antecesor había generado un «agujero» de 260.000 millones, del que nunca más se supo. La nueva directora general de RTVE también habló de un desfase de tesorería de casi 100.000 millones, que luego se reveló falso. Eso sí, la deuda del Ente Público empezó a aumentar en progresión geométrica nada más llegar el PP al Gobierno, hasta llegar a cuadruplicar en ocho años la que heredaron de los gobiernos anteriores.

La acusación más grave salió, sin embargo, de labios del propio presidente del Gobierno, cuando se refirió a una supuesta amnistía fiscal encubierta de 200.000 millones de pesetas, para pagar supuestos favores políticos. «Si no hubiesen perdonado impuestos, habría podido aumentar los sueldos de los funcionarios», llegó a decir Aznar, que acababa de aprobar la congelación de las remuneraciones de todos los empleados públicos. Pronto se desmontaron todas y cada una de las piezas de esa calumnia, inventada desde el Gobierno. El secretario de Estado de Hacienda, Juan Costa, reconoció ante el juez Garzón que no tenía pruebas para sostener su acusación. La mayoría de la Comisión parlamentaria que investigó los hechos —todos sus miembros salvo los del PP— no apreció hechos irregulares. La asociación profesional mayoritaria de los Inspectores de Finanzas del Estado acusó al Gobierno de instrumentalizar la Hacienda Pública con fines políticos y partidistas. Finalmente, Garzón archivó la instrucción al entender que «no ha existido comportamiento delictivo» ni aparecer indicio alguno de ilicitud. ¡Así agradecían a Pedro Solbes el que les hubiese hecho entrega de una economía en franca recuperación!

A pesar de las improvisaciones y del tiempo perdido en atacar a la oposición, el panorama económico mejoró sustancialmente. Los efectos positivos del ajuste puesto en marcha por el Gobierno socialista en la legislatura anterior se sumaron a la recuperación de la economía internacional y, sobre todo, a la evolución a la baja de los tipos de interés en los mercados financieros, impulsada en aquellos meses por la perspectiva de la llegada del euro. A ello hay que añadir la actitud dialogante de los sindicatos, que dispensaron al PP un trato mucho más comprensivo que el que habían dado a los gobiernos del PSOE.

El optimismo oficial se desbordó. En unos pocos meses, el nuevo Gobierno aseguraba haber cambiado completamente la situación, aunque no podían explicar con precisión cuál era la razón. De una situación que el PP había calificado como cercana al caos, se pasó en menos de un año a «la fortaleza, la buena marcha y la credibilidad de nuestra economía», como dijo Aznar en febrero de 1997. Si esas declaraciones respondían a la realidad, efectivamente se había tenido que producir el milagro del que habló el presidente, pues no se podría calificar de otro modo el que un cambio tan radical se hubiese producido en tan poco tiempo, y con base en unas medidas económicas tan escuálidas como las adoptadas en los primeros meses del Gobierno del PP. Pero las causas eran, en buena parte, muy distintas a las que estaban dispuestos a reconocer los portavoces de la derecha, que seguía erre que erre rodeando de incienso su propia gestión. No habían transcurrido ni siquiera dos años desde su toma de posesión cuando, en el debate sobre el estado de la nación de 1998, el presidente afirmó que ya se habían cambiado los fundamentos del crecimiento económico español. Nada menos.

Los procesos de privatización sirvieron al Gobierno para forjarse una imagen de liberalizador que no siempre era real. La venta de activos públicos le permitió, en todo caso, obtener jugosos ingresos. Junto a ellos, el crecimiento económico impulsó una fuerte creación de empleo y ayudó a conjurar el desequilibrio de las cuentas públicas. A su vez, el margen de maniobra generado por la reducción del déficit público permitió cumplir la promesa de rebajar el IRPF, aunque en grado menor al anunciado en el programa electoral.

Cuando se acercaba al final de la legislatura el Gobierno declaró, muy ufano, que «la reducción del déficit público, las liberalizaciones, las privatizaciones y la desregulación han permitido a la sociedad española desplegar sus potencialidades».

«Hoy vemos los beneficios de la austeridad, de la flexibilización de los mercados, de la reducción de los impuestos, de la disminución del tamaño del sector público (...) las ventajas de contar con una economía sana y abierta y de lo mucho que favorece a todos la expresión de la libertad». En el programa electoral para las elecciones de marzo de 2000, el PP decidió incluso anunciar que el pleno empleo era alcanzable.

En la segunda legislatura del PP, los resultados no han sido tan satisfactorios como en la primera, aunque el Gobierno dice mantener la misma política económica. Las previsiones oficiales se han equivocado año tras año, y el crecimiento medio del PIB se ha situado por debajo del 3 por ciento, aunque ha seguido siendo superior al de la mayor parte de los países de la Unión Europea. El paro ha vuelto a aumentar, y la calidad del empleo creado deja mucho que desear. Los sueldos no mejoran, debido a la baja productividad; más de la mitad de las familias españolas dicen tener dificultades para llegar a final de mes, según las cifras oficiales. La inflación desborda año tras años los objetivos fijados y nuestros precios crecen más que los de nuestros competidores. Las cuentas públicas muestran, según los datos oficiales, un pequeño superávit; pero otras estimaciones son menos optimistas y calculan que seguimos teniendo un ligero déficit. En definitiva, el sol ya no brilla como antaño, aunque los nubarrones que nos acechan no han conseguido turbar la calma de los responsables económicos, que siguen instalados en el triunfalismo.

En función de todo ello, la tarea de quienes gobiernen a partir de marzo de 2004 se ha complicado. El nivel de endeudamiento de las familias se ha duplicado en el espacio de unos pocos años, lo que ha hecho que su riqueza financiera disminuya en cada uno de los tres primeros años de la legislatura. El esfuerzo económico necesario para adquirir una vivienda ha aumentado en un cincuenta por ciento desde que gobierna el PP, pese al fuerte descenso de los tipos de interés de las hipotecas. El Estado de bienestar ha sufrido recortes: en educación y en sanidad se gasta ahora menos que en 1995 en relación con el PIB. Ha aumentado la presión fiscal en más de dos puntos del PIB y la carga tributaria se distribuye de manera más injusta. Se mire por donde se mire —crecimiento, inflación, paro, nivel de empleo, equilibrio presupuestario...— siempre hay países de la Unión Europea que ofrecen mejores resultados que los nuestros.

¿Cómo separar el grano de la paja a la hora de valorar los resultados de la política económica del PP en estos años? ¿Cuáles han sido sus méritos, que hay que reconocer sin cicatería? ¿Dónde situar los errores de la estrategia económica de los gobiernos de Aznar, desde 1996 hasta hoy? Veamos qué ha sucedido realmente con los tres ejes de su política económica: los tipos de interés, el déficit público y las privatizaciones.

El montante de las cargas financieras de las hipotecas o de la Deuda pública ya no depende de las autoridades españolas, sino que se determina en última instancia por los mercados financieros. A partir de las decisiones adoptadas en 1995, durante la presidencia española de la Unión Europea, éstos interpretaron que el camino hacia la moneda única era irreversible y apostaron porque la inmensa mayoría de los países europeos acabarían integrando sus monedas en el euro, lo que fue decisivo para la reducción de los tipos de interés. Ésta, a su vez, ayudó al ajuste de los déficits públicos y animó la demanda, generándose un círculo virtuoso del que se benefició la economía española. Con su peculiar sentido de asignación de las responsabilidades, el Gobierno del PP hizo su lectura de las causas que alentaban ese círculo: los altos tipos de interés del pasado eran cosa de los socialistas, mientras que ahora era Rodrigo Rato quien los bajaba.

En el caso de la inflación, su análisis tuvo que sofisticarse algo para llegar a la misma conclusión. Cuando les convenía, dijeron que la moderación del IPC se debía a su política de tarifas o a la introducción de competencia; pero cuando los precios se les escaparon de las manos, superando con creces el objetivo fijado, afirmaron que era por causas exógenas. En los últimos años, el Gobierno ni siquiera se ha atrevido a establecer sus propios objetivos de inflación, escudándose tras el 2 por ciento fijado por el Banco Central Europeo como referencia para el conjunto de la zona euro. Perdemos competitividad, el poder de compra de salarios y pensiones se reduce a lo largo del año, la inflación actúa como un impuesto forzoso... pero el Gobierno ha mirado para otro lado sin asumir ninguna responsabilidad.

El «déficit cero»: realidad y mito

Donde el Ejecutivo ha centrado su preocupación es en el saldo presupuestario. El «déficit cero» se ha convertido en una especie de tótem, ante el que hay que arrodillarse. Según la doctrina oficial, como el equilibrio de las cuentas públicas es bueno por definición, hay que renunciar a cualquier otro objetivo que ponga en peligro su consecución. Al ver el fervor con el que los máximos responsables del Gobierno hablan de ese «hito de la economía española», hay que lamentar que el PP no se haya preocupado en igual o mayor medida del equilibrio financiero de las economías familiares, en vez de no hacer nada para frenar su endeudamiento progresivo.

¿Cómo se ha alcanzado el «déficit cero»? Curiosamente, el camino que ha conducido a él no ha sido tan espinoso como a veces se nos quiere hacer ver. Según el profesor Victorio Valle, que se basa en datos oficiales, entre 1996 y 2003 el conjunto de las Administraciones Públicas pasó de una necesidad de financiación del 4,9 por ciento del PIB a otra del 0,3 por ciento. Analizando las cifras de cerca, se comprueba que a ese resultado se ha llegado sin necesidad de recurrir a decisiones de envergadura por parte del Gobierno, sino que se ha producido casi como una consecuencia automática de la evolución de un conjunto de elementos que quedan al margen de la esfera de decisión del Ejecutivo.

El mayor peso relativo de los ingresos sobre el PIB ha contribuido en más de un punto a ese esfuerzo de consolidación fiscal. Mientras que el porcentaje de los ingresos no tributarios ha disminuido, el aumento de la presión fiscal —en más de dos puntos— ha sido especialmente sensible en los impuestos indirectos —IVA e Impuestos especiales— que han crecido en 1,4 puntos del PIB en ese periodo. El impuesto sobre la renta de sociedades ha aumentado un 1,2 por ciento del PIB. También lo han hecho, aunque de forma más moderada, las cotizaciones sociales, que en la práctica son un impuesto. La única figura tributaria que ha disminuido su peso relativo sobre el PIB —en algo menos de un punto— es el IRPF. Así que lo que el Gobierno rebajaba con una mano lo ha recaudado con creces con la otra. Ha recortado la presión fiscal debida al IRPF, pero a través de las subidas del resto de los impuestos y de las cotizaciones sociales, y del crecimiento de la inflación, se lleva en conjunto una proporción mayor de la renta de esos mismos contribuyentes.

El resto del esfuerzo para lograr el equilibrio ha recaído sobre el gasto público, cuyo peso en el PIB ha caído en 3,6 puntos; pero el grueso de tal reducción del gasto no obedece a las decisiones del Gobierno. Las menores cargas derivadas de la caída de los tipos de interés han servido para liberar 2,7 puntos del PIB. Es decir, más de la mitad del ajuste presupuestario total lo han realizado directamente los mercados financieros, de forma indolora. Por su parte, la Seguridad Social ha pasado de un déficit del 0,4 por ciento en 1996 a un superávit del 0,6 por ciento del PIB en 2003, gracias a los mayores ingresos por cuotas, pero también a la caída del gasto en pensiones sobre el PIB, debida a la disminución de las entradas de nuevos pensionistas en estos años. Las administraciones territoriales, a su vez, han mejorado ligeramente su saldo. Por fin, el Estado propiamente dicho, restadas las cargas financieras, sólo ha disminuido su déficit en 0,5 puntos; y dentro de ese porcentaje agregado, la caída experimentada por las prestaciones sociales —del 13,8 por ciento al 12,4 por ciento del PIB— es casi tres veces mayor que la reducción resultante del déficit estatal.

Por lo tanto, la desaparición del déficit no se ha producido como consecuencia de un combate a fondo contra el despilfarro, ni reviste la heroicidad que se nos ha querido hacer ver en las versiones oficiales. Los impuestos han aumentado y los gastos sociales han disminuido. Pese a la propaganda montada en torno a las dos reformas del IRPF, de las que luego hablaré, los españoles contribuimos hoy a las arcas públicas con un porcentaje superior de nuestros ingresos. Y han disminuido al mismo tiempo, en términos relativos, las transferencias destinadas a prestaciones sociales; a causa de la reducción de los gastos en protección al desempleo, pero también por el menor peso de las pensiones en el PIB.

Distraído con tanto despliegue propagandístico, el Gobierno del PP ha perdido una oportunidad inmejorable para introducir reformas en la gestión de la Hacienda Pública. Habría sido necesario, en estos años, acometer cambios de relieve en los procedimientos de presupuestación y control del gasto, como lo han hecho la mayoría de los países de la OCDE. Pero el PP no se ha atrevido a ello, pese a la aprobación de la nueva Ley General Presupuestaria y de la ley de Estabilidad. Tampoco ha tomado decisiones para influir en la composición del gasto en el sentido adecuado para mejorar nuestro potencial de crecimiento. Prueba de ello es que la inversión en educación, universidades, ciencia e investigación sigue estando en la cola de los países desarrollados. Desde el punto de vista de la equidad, el retroceso es asimismo innegable. El superávit de la Seguridad Social, que sólo ha sido destinado parcialmente al Fondo de Reserva, no ha financiado mejoras sustanciales de las prestaciones más bajas. En cambio, ha servido para compensar el persistente déficit del Estado, que sigue siendo incapaz de equilibrar sus cuentas con sus propios recursos, incluso en momentos de fuerte crecimiento. Y los recursos destinados a reforzar los servicios sociales siguen en niveles mínimos.

El déficit contable ha desaparecido; pero el sector público sigue gastando cada año más de lo que ingresa. Ésa es la razón por la que el endeudamiento del Estado sigue aumentando: lo ha hecho en más de 84.000 millones de euros —14 billones de pesetas— desde que gobierna el PP. El caso más conocido es el de RTVE, cuya cuenta de explotación anual no forma parte del presupuesto computable a efectos de medir el déficit, y que ha multiplicado por cuatro su endeudamiento desde 1996, hasta superar ahora el billón de pesetas. Pero ése no es un caso aislado, ni fruto de la casualidad. Según las estimaciones del portavoz socialista en la Comisión de Presupuestos del Congreso, Francisco Fernández Marugán, al presupuesto de ingresos y gastos ordinarios que el Gobierno presenta con orgullo en equilibrio, hay que añadir un segundo presupuesto, situado al margen de la Ley de Estabilidad, que fue aprobada para «blindar» la posibilidad de ejecutar un presupuesto con déficit. Este segundo presupuesto —que Marugán ha definido como una «segunda matriuska», al modo de las muñecas rusas— está formado por partidas de ingresos y gastos de naturaleza financiera. Siendo estos últimos mayores que aquéllos, su déficit se financia con endeudamiento a largo plazo, y no se contabiliza junto al correspondiente a las operaciones no financieras. Entre 1997 y 2002, se han gastado por esa vía unos 24.000 millones de euros, equivalentes a 4 billones de pesetas.

Visto lo visto —un ajuste no impulsado en lo sustancial por el Gobierno, un déficit maquillado, un gasto que desatiende importantes prioridades de la acción pública y que se ejecuta parcialmente al margen de los mecanismos de control establecidos...— la conclusión es que el Gobierno del PP ha prescindido de la política presupuestaria; lo cual no deja de ser sorprendente, dada la propaganda que ha orquestado en torno al equilibrio de las cuentas públicas. Al mismo tiempo, esa renuncia supone una opción muy arriesgada, si se tiene en cuenta que el Gobierno tampoco dispone ya del resto de los instrumentos de una política de manejo de la demanda agregada: la política monetaria se decide en Francfort y el tipo de cambio lo fijan los mercados.

La decisión de sacralizar el «déficit cero» ha llevado al Gobierno a renunciar a la única palanca que todavía tiene a su disposición para combatir los desequilibrios macroeconómicos. Aznar, Rato y Montoro han convertido un mero saldo contable —el equilibrio presupuestario— en su gran objetivo de política económica, sin sopesar los riesgos de esa opción. Mientras que el crecimiento esté siendo impulsado por tipos de interés reales próximos a cero, y el diferencial de inflación no sea escandaloso, podremos ir tirando. Pero cuando suban los tipos —y en algún momento lo harán— o cuando llegue un periodo de recesión —que por desgracia llegará antes o después— el artificio montado en torno a un objetivo erróneo se desmoronará. Quedarán al descubierto entonces cuáles son los verdaderos méritos del Gobierno del PP en el proceso de ajuste de las cuentas públicas, y cuáles deben ser atribuidos a los mercados o al entorno exterior; y, sobre todo, se echarán en falta las tareas que se han dejado de hacer, por mor del dichoso «déficit cero». Sólo cabe esperar que no haya que lamentar demasiado la escasa capacidad reformista mostrada en la práctica por los responsables económicos durante este periodo y que los futuros gobiernos puedan ahorrarse decisiones presupuestarias dolorosas.

¿Han bajado los impuestos?

El otro *leitmotiv* del PP en materia económica, repetido hasta la extenuación por sus propagandistas, ha sido la bajada de impuestos. A pesar de lo cual, no es extraño que los sondeos de opinión muestren que la mayoría de los contribuyentes no están muy convencidos de ello, pues según los propios datos oficiales la presión fiscal —que es lo que notan de verdad los bolsillos de la gente— ha aumentado desde 1996. Como ya he dicho, sólo en el caso del IRPF ha disminuido ese porcentaje. En conjunto, las empresas y los ciudadanos españoles pagamos cada año a Hacienda un porcentaje mayor de nuestra renta; ni siquiera el IRPF se ha reducido para todos.

El Gobierno ha intentado convencernos de que es posible bajar los impuestos y aumentar simultáneamente la presión fiscal. Pero por más que insista, no puede hacernos comulgar durante mucho tiempo con ruedas de molino. Es verdad que las rebajas del IRPF han supuesto a corto plazo menores ingresos para las arcas públicas. Pero hay que añadir a continuación que la no deflactación de la tarifa —es decir, el hecho de que sus tramos no se adapten cada año para corregir el impacto de las subidas de precios sobre las rentas nominales— hace que la inflación compense en los ejercicios siguientes esa pérdida inicial. Y en cuanto al resto de los impuestos, cuyos tipos no han sido reducidos, el juego combinado de un crecimiento económico menor del esperado y de una inflación superior a la prevista por el Gobierno ha llevado año tras año, en la última legislatura, a aumentar lo que los economistas llaman «su elasticidad-renta». Por cada punto de crecimiento, la recaudación aumenta más que proporcionalmente, al actuar la inflación como un impuesto forzoso.

También ha empeorado la capacidad redistributiva de los tributos. Es verdad que las dos reformas del IRPF han reducido la tarifa de ese impuesto para la mayoría de los contribuyentes, y que ahora hay menos ciudadanos obligados a presentar declaración. Pero los estudios disponibles son concluyentes sobre el impacto negativo que han tenido esos cambios desde el punto de vista de la equidad. Según los profesores Jiménez-Ridruejo y López Díaz, que han publicado un trabajo sobre los efectos de la primera reforma del IRPF aplicada a partir de 1999, «tanto la progresividad como el efecto redistributivo del impuesto se reducen» como consecuencia de la misma. De entre los muchos datos aportados, entresaco uno. El 10 por ciento de los contribuyentes de menor nivel de renta pasaron a aportar, en el primer año de aplicación del nuevo impuesto, del 1,48 al 1,51 por ciento del total de lo recaudado; mientras que el 10 por ciento más rico, pasó de aportar el 23,16 al 21,78 por ciento. Otros datos de ese mismo estudio abundan en el hecho de que los que más renta tienen han salido mejor parados que los demás con el nuevo tributo. Si a eso se añade el hecho de que los impuestos indirectos han aumentado más que los directos en estos años, el corolario es sencillo: el sistema fiscal es hoy menos redistributivo y más injusto que antes de 1996.

Y lo que añade aún más preocupación a ese panorama, ha disminuido el cumplimiento de las obligaciones fiscales de muchos contribuyentes. En un documento aprobado por unanimidad en octubre de 2003 en el XIII Congreso de APIFE, la asociación mayoritaria de los inspectores de Hacienda advirtió de la existencia de catorce «coladeros» para el fraude fiscal, y denunció que las autoridades responsables vienen prestando un «escaso esfuerzo» a la tarea de exigir el cumplimiento de la ley en este campo. El dinero negro campa por sus respetos en la España actual. Un buen indicio de ello es que, en el primer semestre de 2003, el volumen de efectivo en manos del público superaba los 56.000 millones de euros, lo que duplica las cifras de los países europeos. Ante esas cifras que es un síntoma evidente de la relajación de las costumbres fiscales de los españoles, el Gobierno no se ha dignado, hasta ahora, tomar medidas para atajar esta deriva tan escandalosa.

Liberales, pero malos liberalizadores

La tercera bandera enarbolada por el PP para publicitar su política económica, junto a la reducción del déficit y la bajada de impuestos, ha sido su impulso liberalizador. También en este caso conviene analizar con algún detalle lo que se esconde tras la propaganda oficial.

Durante los gobiernos del PSOE se produjeron importantes procesos de liberalización. La introducción de una competencia real en el sistema financiero, la creación de televisiones privadas o la regulación de la telefonía móvil fueron, entre otros, buenos ejemplos de ello. Pero mientras que los socialistas hicieron en este terreno bastante más de lo que acostumbraban a exhibir en sus balances de gestión, el PP ha hecho lo contrario. Miguel Ángel Fernández Ordóñez, uno de los máximos expertos españoles en la materia, suele decir que lo que se necesita en España es liberalizar los mercados como dice el PP, pero haciéndolo como lo hizo el PSOE.

Y no es que los populares no hayan hecho nada. Es cierto que han aprobado varios planes de liberalización, pero en general no se han llevado a la práctica. Muchos de sus anuncios se han quedado en agua de borrajas, o se han aplicado de forma parcial y sesgada. Sobre el papel han acometido bastantes reformas; lo que sucede es que en muchos casos se han quedado cortas, cediendo a la presión de quienes buscaban mantener situaciones de privilegio. También aquí, la propaganda ha sido mucho más intensa que los resultados obtenidos.

En su discurso, la derecha también ha buscado identificar liberalización con privatización; lo que no responde a la realidad. Las privatizaciones del PP han sido muy numerosas, y han culminado el proceso de supresión de la presencia estatal en el capital de los antiguos monopolios y de otras empresas públicas. Los gobiernos del PSOE también privatizaron mucho, pero no siempre llegaron tan lejos, pues no quisieron deshacerse de todas las participaciones del Estado en determinadas empresas, temiendo que los mercados no fuesen capaces de absorber tanta oferta de acciones. Además, pensaron que el mantenimiento de una presencia minoritaria del Estado, combinado con el fomento de «núcleos duros» en los que participaban algunas grandes entidades financieras, podría garantizar que, antes de pasar definitivamente a manos privadas, esos grupos definiesen estrategias coherentes con nuestros intereses nacionales. Ya he comentado que el último Gobierno del PSOE no escuchó las voces de quienes le recomendaban acelerar el final de la presencia pública, para que los equipos directivos de esas empresas quedasen a cubierto de las consecuencias del cambio político. Prevaleció una visión más generosa y responsable, de la que más tarde se benefició el PP.

Porque el gobierno Aznar sustituyó inmediatamente a los máximos directivos de las empresas públicas, a pesar de que los resultados de su gestión eran muy apreciados, tanto por parte de los socios privados de los «núcleos duros» como de los mercados, y colocó al frente de ellas a personas de su confianza. Fueron éstas quienes, a continuación, dirigieron el proceso de privatización al ciento por ciento del capital social de sus entidades. En un corto espacio de tiempo, las arcas públicas ingresaron cantidades muy importantes de dinero; pero sobre todo, gran parte de las grandes empresas privadas del país pasaron a ser dirigidas por personas muy próximas al Partido Popular y a los principales responsables del Gobierno.

Juan Villalonga, amigo personal de Aznar, presidía Telefónica. Francisco González, amigo de Rodrigo Rato, estaba al frente de Argentaria. Rodolfo Martín Villa ocupaba la presidencia de Endesa. Alfonso Cortina había sucedido a Óscar Fanjul al frente de Repsol. César Alierta pasó a presidir Tabacalera. Y Miguel Blesa sucedió a Jaime Terceiro al frente de Caja Madrid. Una nueva élite se había instalado en los centros neurálgicos del poder económico y financiero privado, gracias a su complicidad con el Gobierno. Los nuevos potentados enseguida estuvieron dispuestos a devolver al Gobierno el gran favor que habían recibido con su nombramiento. El caso más conocido fue el de Juan Villalonga, quien desde la presidencia de Telefónica invirtió cuantiosos recursos para poner al servicio de los intereses de Aznar y del PP un grupo de medios de comunicación construido de manera apresurada, a base de tomar participaciones accionariales en periódicos, radios y televisiones.

Mientras estuvo en la oposición, el Partido Popular criticó duramente la ausencia de una programación clara de las privatizaciones llevadas a cabo por los gobiernos del PSOE, y la falta de transparencia con la que, según ellos, se estaba procediendo a enajenar los activos públicos. Una vez en el poder, olvidaron pronto sus propios compromisos y actuaron en contra de sus anteriores criterios. Con la finalidad teórica de garantizar la transparencia que habían reclamado, pusieron en pie el Consejo Consultivo de las Privatizaciones. La escasa voluntad política con la que ese organismo fue creado se puso de manifiesto desde el momento en que el encargado de presidirlo fue un diputado del PP, una muestra inequívoca de que sus recomendaciones nunca pondrían en dificultad las decisiones previamente adoptadas por el Gobierno. El Consejo, como era previsible, languideció enseguida.

Todas esas hipotecas, unidas a la presión ejercida por otras empresas privadas, ha llevado a que los resultados de las liberalizaciones realizadas desde 1996 dejen mucho que desear. La colusión entre intereses políticos, amistades personales y estrategias empresariales tiene poco que ver con un proceso de liberalización real, que introdujese competencia, acabase con el intervencionismo o las injerencias políticas en el funcionamiento de los mercados y sustituyese a las viejas prácticas monopolísticas. De los monopolios públicos se ha pasado a los cuasi monopolios u oligopolios privados. Los organismos reguladores de la competencia, algunos de ellos recién creados, han estado generalmente mediatizados por el Gobierno y por su mayoría parlamentaria.

Los usuarios españoles, desde luego, no se llaman a engaño, y se sienten muchas veces desprotegidos, como declararon el 62 por ciento de los encuestados en nuestro país para un estudio encargado por la Comisión Europea. Cualquiera que haya tenido que enfrentarse con los sistemas de atención telefónica al usuario de la mayoría de esos servicios sabe a lo que se expone. La persistencia de factores que impiden una verdadera competencia redunda en la baja calidad de los servicios y en su elevado coste. En telefonía fija, o en la oferta de banda ancha a través de ADSL, el peso de Telefónica como operador principal sigue siendo muy elevado y sus criterios suelen condicionar seriamente las decisiones de la Comisión del Mercado de las Telecomunicaciones, dominada a su vez por una amplia mayoría del PP. Algunas compañías dedicadas a la comercialización de productos derivados del petróleo han sido denunciadas por prácticas abusivas en la fijación de sus precios.

El caso del sector eléctrico es uno de los ejemplos más flagrantes de lo que el Gobierno del PP ha entendido por liberalizar. Casi el ciento por ciento de los usuarios individuales siguen sin elegir a su suministrador de energía eléctrica; en teoría pueden hacerlo, pero en la práctica la situación no ha variado. Mientras que en la Comisión de la Energía se reciben un alud de demandas contra las empresas eléctricas, por frenar la competencia. Lo más indignante es que, al comienzo de la primera legislatura popular, el Gobierno pactó con las grandes empresas del sector unos denominados «Costes de transición a la competencia» (CTC) por valor de 8.000 millones de euros, que debían cobrar como compensación por el esfuerzo de esas compañías para acomodarse a la liberalización del sector, hasta entonces muy sometido a la regulación pública. Recientemente, Iberdrola denunció ante la Comisión Nacional de la Energía que las eléctricas habían ingresado por ese concepto 1.600 millones más de lo debido. Al parecer, cálculos posteriores han reducido esa cifra a unos 900 millones; pero en todo caso, se trata de una cantidad astronómica. Y todo ello, gracias a la tarifa que nos cobran a los usuarios por la luz, cuyo cálculo se sigue efectuando en una negociación entre el Gobierno y las empresas desarrollada en la más completa oscuridad. ¿Quién se atreve a decir que eso sea una liberalización?

El peor ejemplo: la vivienda

Pero si hay un caso en que la distancia entre el anuncio de ventajas derivadas de la liberalización y la realidad es abismal, ése es el sector de la vivienda. En su programa electoral de 1996, los populares anunciaban una política capaz de reducir el coste de las viviendas, para facilitar así el acceso a la propiedad de las mismas. Su oferta se dirigía especialmente a los jóvenes, y se basaba en su confianza en el efecto positivo que tendrían las medidas urbanísticas destinadas a la creación de suelo urbanizable. Pero su estrategia fracasó enseguida. La Ley del Suelo aprobada en la legislatura 1996-2000 fue echada abajo en lo sustancial por el Tribunal Constitucional, al estimar que invadía competencias autonómicas. A partir de ese momento el Gobierno no sólo se quedó sin la política en la que había confiado, sino también sin ideas para diseñar cualquier otra.

Entretanto, la reducción de los tipos de interés de las hipotecas animaron la demanda de vivienda libre. Y eso llevó a su vez al encarecimiento del suelo, que empezó a pasar de mano en mano a una velocidad cada vez mayor. Los titulares de suelo y los promotores y vendedores de viviendas entraron en una carrera enloquecida para ver quién se apropiaba de un porcentaje mayor de las plusvalías provocadas por el inusual tirón de la demanda. Muchas administraciones públicas quisieron, a su vez, aprovechar la coyuntura favorable para incrementar sus ingresos fácilmente, vendiendo parte de sus patrimonios de suelo a precios de mercado.

Desbordado por este dinamismo exagerado del mercado, el programa del PP en el año 2000 trasladaba toda la responsabilidad de la política para hacer accesible la vivienda a las administraciones territoriales y a los demás partidos, a través de su intención de promover un «pacto para incrementar la oferta de suelo». Lo que ocultó el programa es que el Gobierno no estaba dispuesto a dar ejemplo poniendo en práctica las propuestas de su partido. Los cinco millones de metros cuadrados de suelo propiedad de Renfe, del Ministerio de Defensa y de Instituciones Penitenciarias nunca estuvieron incluidos entre las parcelas que debían ayudar a incrementar la oferta, para abaratar los precios. En cambio, con ocasión de la desdichada trama inmobiliaria descubierta en Madrid en la primavera de 2003 a raíz del «caso Tamayo», hemos sabido que muchos de los cargos del PP a nivel municipal y autonómico estaban vinculados al festín especulador que el Ejecutivo de Aznar no había sido capaz de reconducir.

El fracaso de la política del Gobierno en este sector ha tenido consecuencias nefastas. El precio de la vivienda se ha multiplicado durante los años de gobierno del PP, y de momento nada indica que vaya a bajar. En 1995 el precio medio de una vivienda era de 661,7 euros por metro cuadrado; a comienzos de 2000 estaba ya situado cerca de los 900 euros; y en el tercer trimestre de 2003 había llegado a 1.450,6 euros por metro cuadrado. En el último año ha crecido un 17 por ciento, lo que marca el récord en la Unión Europea y supera seis veces el crecimiento del IPC. Como los salarios han estado creciendo a un ritmo similar al de este último, los compradores han acudido a la financiación hipotecaria, cuyo volumen se ha multiplicado por tres en los últimos siete años. El endeudamiento de las familias españolas alcanza, por ello, niveles récord, y ya está situado por encima del promedio europeo. Los años de salario necesarios para comprar una vivienda de 90 metros cuadrados han pasado de 4,2 en 1996 a 6,6 en 2002.

En las actuales condiciones, la adquisición de un piso es cada vez más difícil para muchos sectores de la población, especialmente para los jóvenes. A pesar de ello, si no cambia la actual coyuntura se estima que en el año 2004 se van a construir en España 650.000 viviendas, un 40 por ciento del total de las que van a edificarse en toda Europa. Un bien necesario se ha convertido en un objeto de inversión. Uno de cada dos compradores pretende especular con ellas, lo que se traduce en el elevado parque de viviendas desocupadas. Vivimos inmersos en una espectacular «burbuja inmobiliaria», aunque al Gobierno no le gusta que se hable de ello.

A la vista de esta situación, los organismos internacionales y los observadores imparciales —incluido el Banco de España— han alertado sobre los enormes riesgos que nos acechan. De una parte, el 85 por ciento de los créditos hipotecarios están suscritos a tipo variable, por lo que una eventual subida de los tipos de interés conduciría a situaciones financieras delicadas a quienes tuviesen que aumentar las cuotas de amortización sin una subida equivalente de sus ingresos. De otra, nuestro modelo de crecimiento es excesivamente dependiente del sector de la construcción y de la evolución de los tipos de interés, sobre los que nuestras autoridades económicas no tienen ninguna influencia. Tenemos, por tanto, un crecimiento frágil, que además se caracteriza por su baja productividad y por la creación de empleos de baja calidad.

Las debilidades de nuestro modelo de crecimiento

El debate sobre nuestro modelo de crecimiento no es baladí. Por el momento seguimos ocupando uno de los primeros lugares de los *rankings* europeos en cuanto al aumento de la producción y del empleo. Pero las dudas surgen cuando proyectamos la mirada hacia el futuro. En otoño de 2003 se hizo público un informe de la Organización Internacional del Trabajo que afirma que España es el único país de la Unión Europea que ha perdido productividad desde 1995. Si a ello se añade que tenemos una tasa de inflación superior a la media europea, y que una vez integrados en el euro ya no podemos recurrir, como tantas veces en el pasado, a devaluar la moneda para recuperar competitividad, la conclusión es que para seguir creciendo hay que cambiar nuestro patrón de crecimiento. El escenario de los últimos ocho años, cuyos efectos positivos ya se están agotando, estuvo basado en una reducción de los tipos de interés irrepetible, que se debió al proceso de convergencia nominal previo a la creación del euro. Ahora empiezan a quedar a la vista las debilidades que aún persisten en nuestra economía, que de no corregirse condicionarán seriamente lo que vaya a suceder de aquí en adelante.

Dedicamos menos dinero a educación, en porcentaje del PIB, que en 1995. Nuestros mejores científicos han puesto de manifiesto el abandono en el que desarrollan su labor los investigadores españoles. El gasto en investigación y desarrollo, que estaba situado en el 0,9 por ciento del PIB a comienzos de la década de los noventa, ha alcanzado a duras penas el 1 por ciento en el año 2003, desmintiendo las previsiones mucho más optimistas del Gobierno, que se han incumplido reiteradamente. En la Unión Europea, solamente Portugal y Grecia están por detrás de nosotros en este terreno. El flamante Ministerio de Ciencia y Tecnología, creado tras las elecciones de 2000, ha tenido tres titulares durante sus cuatro primeros años de existencia, y sus resultados han sido muy mediocres. Ni siquiera ha sido capaz de ejecutar sus presupuestos, que en parte encubren, además, los gastos en defensa que el Gobierno no se atreve a situar en el ministerio titular.

La brecha tecnológica entre España y los países más avanzados sigue aumentando. El Plan Info XXI, presentado a bombo y platillo por Aznar antes de las elecciones de 2000, ha fracasado estrepitosamente; y el nuevo Plan para el desarrollo de la sociedad de la información ya ha recibido fuertes críticas por parte de la patronal que representa a las empresas del sector. Recientemente se ha hecho público el primer índice mundial de acceso digital, elaborado por la Unión Internacional de las Telecomunicaciones. España ocupa en él el lugar vigésimo noveno. De los actuales miembros de la UE a quince, de nuevo son Grecia y Portugal los únicos que se sitúan detrás de nosotros. Y si contamos a los nuevos miembros de la UE ampliada, tres de ellos —Eslovenia, Chipre y Estonia— también nos sobrepasan en el *ranking*, mientras que Malta figura a nuestro mismo nivel.

El ingreso de los diez nuevos socios de la Unión nos recuerda que ya no podremos aspirar nunca más a basar nuestra competitividad en los bajos costes laborales, aunque para Eurostat —la oficina estadística oficial de la UE— nuestro país todavía se sitúa bastante por debajo de la media europea en este aspecto. Con datos correspondientes al año 2000, nuestros costes medios eran de 14,2 euros por hora trabajada frente al 22,2 en el conjunto de los quince. Pero el promedio de esos costes en los países candidatos a la ampliación era de 3,5 euros. El esfuerzo por mejorar nuestra competitividad es algo inexcusable, y debe estar basado, entre otros factores, en una mayor cualificación de nuestros recursos humanos y en el aprovechamiento de las oportunidades que se deducen del avance tecnológico. Hace tiempo que se debía haber emprendido una estrategia industrial sustentada en esos principios, pues ya empiezan a verse algunos datos preocupantes. Uno de ellos es, sin duda, el descenso de la inversión extranjera directa en nuestro país, que en parte está ligado a decisiones de deslocalización de actividades industriales que buscan un entorno de costes más barato, incitadas por la ampliación de la UE. La huida de algunas empresas filiales de compañías multinacionales —los casos de Philips y Samsung son muy recientes— pone además en evidencia la excesiva dependencia de un sistema productivo como el nuestro, por falta de tecnología propia.

En noviembre de 2002, Aznar reconocía en una intervención pública que «en la productividad está la raíz de la prosperidad». Pero a medida que los datos mostraban los magros resultados de sus políticas en este terreno, y que las elecciones de 2004 se han ido aproximando, el Gobierno se ha encerrado en una posición defensiva, contraponiendo la creación de empleo a las críticas recibidas por el perfil poco sostenible del modelo de crecimiento seguido. Ignorando las insistentes advertencias respecto de la fragilidad de éste, los máximos responsables gubernamentales se han refugiado en eso, y en el «déficit cero», como las llaves que nos abrirán las puertas del futuro. Y así pretenden ocultar los riesgos que nos aguardan en los tiempos que vienen.

No hay que negar los logros económicos alcanzados en este periodo. Con independencia de cuál sea la proporción del mérito que le corresponda al Gobierno por ello, y el que haya que atribuir a los mercados, al entorno internacional o a quienes gobernaron antes que el PP, y dejando por un momento de lado la manera en que deban distribuirse las responsabilidades, lo cierto es que durante la última década la economía española ha crecido más que la media europea, la renta de los españoles se ha aproximado a la de los países más ricos, que hay muchos más españoles e inmigrantes trabajando en España, y que el sistema productivo se ha seguido modernizando, aunque de forma irregular. Pero para poner en valor todos esos extremos no hace falta ocultar que también nos acechan algunas sombras amenazantes: el poder económico se ha concentrado en unas pocas manos —la mayoría de ellas, amigas del Gobierno—; los instrumentos para asegurar una distribución equitativa de la renta y la riqueza de los españoles son ahora más débiles; y el modelo de crecimiento seguido tiene los pies de barro, por la baja productividad, el deterioro de la competitividad, la deficiente cualificación de los recursos humanos, el poco apoyo a la investigación y la escasa utilización de nuevas tecnologías.

Un conocido empresario de la publicidad, Lluís Bassat, dijo una vez que «hay que informarse bien sobre las virtudes reales del producto, porque el engaño suele ser pan para hoy y hambre para mañana». Su advertencia parece pensada para los que han dedicado sus desvelos a cantar las alabanzas de los logros económicos de los gobiernos del PP.

CAPÍTULO VII

Un gran déficit... social

El Gobierno de UCD en 1977, o el del PSOE en 1982, hubiesen suspirado por la herencia en materia social que recibió el PP. Ésta tenía problemas, por supuesto; pero no eran para nada comparables con el pesado legado franquista con que se encaró la Transición; y el margen de maniobra disponible era ahora mucho mayor que el existente cuando llegaron los socialistas al Gobierno. La situación de 1996 era a todas luces mucho más manejable. Frente a las decisiones dolorosas que se vieron obligados a tomar Suárez, Calvo Sotelo o Felipe González, Aznar se pudo ahorrar ese mal trago, gracias a la labor de sus antecesores.

Para cuando él llegó al Gobierno, habían mejorado sustancialmente el nivel de renta y las oportunidades de la inmensa mayoría de la población. Incluso se había superado la recesión del periodo 1992-1994, que provocó de nuevo el aumento del paro y la destrucción de muchos empleos, y se estaban creando un número considerable de puestos de trabajo, muchos de ellos basados en contratos indefinidos. Pero no todo estaba resuelto.

La falta de trabajo seguía siendo el mayor motivo de preocupación para todos, gobernantes y gobernados. El número de parados estaba todavía situado por encima de los tres millones y medio de personas. Además, uno de cada tres empleos era de naturaleza temporal, por lo que miles y miles de jóvenes trabajaban en condiciones muy precarias, sin poder conseguir gracias al trabajo una mínima estabilidad familiar y un futuro profesional acorde con sus expectativas y su nivel de formación. Sin embargo, gracias a que en 1996 ya existía un Estado de bienestar, la movilidad social había aumentado y la cobertura de las situaciones de necesidad —desde el desempleo a la vejez, pasando por la discapacidad o la invalidez— era mucho más intensa. La educación y la asistencia sanitaria públicas se habían universalizado, y su calidad había mejorado. Las desigualdades sociales y territoriales seguían siendo elevadas, pero habían disminuido claramente. Las mujeres se estaban incorporando al mercado laboral, y su número ya superaba al de los hombres en las aulas universitarias. La tasa de natalidad se había reducido paulatinamente durante el último cuarto de siglo, lo que a corto plazo servía para aliviar la presión sobre el mercado de trabajo por la llegada de generaciones menos numerosas, aunque en esos mismos años empezaba la inmigración.

¿En qué medida se ha traducido en mejoras sociales el margen de maniobra económico que ha tenido el PP en sus años de gobierno? Cuando Aznar se muestra orgulloso del «aumento de nuestras posibilidades como país», ¿quiere decir que han aumentado las oportunidades vitales de cada ciudadano, con independencia de su origen familiar o territorial, y del nivel de renta de sus padres? ¿O es que su concepto de las oportunidades es diferente? ¿Han disminuido o han aumentado las desigualdades?

El terreno social no era, en principio, el terreno fuerte del PP. En su trayectoria ideológica, la defensa del Estado de bienestar aparece de forma tardía. Pero la derecha española sabía que los planteamientos radicales al estilo de Ronald Reagan o Margaret Thatcher no tenían una acogida calurosa en el electorado español. Éste se identificaba con las posiciones políticas favorables a la universalización de los servicios públicos y a la construcción de un sistema de protección social tan amplio como lo permitiesen los condicionantes económicos. Por eso, a medida que los populares perfilaron su estrategia para alcanzar la mayoría parlamentaria, no ignoraron los perjuicios que podría reportarles la ausencia de un discurso convincente en este ámbito.

Ya en 1994, Aznar no tenía reparos en admitir, en su libro sobre la «segunda transición», que el Estado debía asumir el papel de garante en materia de pensiones, sanidad y educación. Eso sí, era consciente de la contradicción que suponía defender un Estado de bienestar para todos y mostrarse reticente, al mismo tiempo, ante cualquier intervención del Estado para corregir el funcionamiento de los mercados. Desde finales de los años setenta, el bienestar social había dejado progresivamente de ser una aspiración de algunos sectores de la población, y se fue traduciendo en prestaciones y servicios contantes, sonantes y crecientes, por lo que a esas alturas los españoles querían recibir algo más que simples promesas. Por eso, para intentar superar su incoherencia, el PP recurrió una y otra vez al uso de unos conceptos que le eran muy queridos, al menos en teoría: la austeridad, la eficacia, el control presupuestario. Con su simple mención se pretendía conseguir efectos sorprendentes. Gracias a ellos, decían, sería posible «mantener y aun mejorar el actual nivel de prestaciones» con un coste menor para el erario público. Para lograr cuadrar ese círculo, los populares decían confiar en la gestión privada de muchos servicios y prestaciones públicas. Insistían en que «la cuestión no es obsesionarse con quién debe prestar materialmente los servicios o la atención», y apostaban por «dar oportunidades a la libre iniciativa, estimular la competencia también en este campo, exigir eficacia en la utilización de los recursos públicos y racionalizar el conjunto de los sistemas de protección». Pero tampoco querían cometer imprudencias en un terreno tan sensible.

Aznar ya había tenido una mala experiencia con sus promesas en materia de Seguridad Social. En uno de los debates televisados de la campaña de 1993, Felipe González le echó en cara el impacto negativo que tendrían sus promesas de una fuerte rebaja de cotizaciones sociales sobre la financiación de las pensiones. Su falta de argumentos para justificar esa más que aparente contradicción le supuso, según sus asesores, la pérdida de bastantes votos. Aprendió la lección, y de cara a las elecciones de 1996, mostró especial cuidado en no ofrecer el menor resquicio a críticas similares; de ahí que pusiese énfasis en su voluntad de mejorar las pensiones más bajas, además de ajustar la cuantía de todas en función de la inflación.

Una vez en el Gobierno, los populares trataron por todos los medios de no dejarse arrebatar ninguna bandera en este terreno, aunque sus llamadas continuas a «la sociedad de oportunidades» o a la «sociedad del bienestar» traslucían su recelo ante la capacidad del Estado para desarrollar políticas eficaces de carácter social. En esa misma línea de ambigüedad cabe interpretar sus afirmaciones de que «la mejor política social es la creación de empleo», u otras similares, tal que «toda nuestra política económica es política social». Como si la política económica, el empleo y la cohesión social estuviesen unidos por algún tipo de mecanismo mágico que consiguiese ofrecer resultados positivos en todos esos terrenos automática y simultáneamente.

Los vaivenes en el diálogo social

La capacidad del primer Gobierno del PP para establecer un fructífero proceso de diálogo con las centrales sindicales fue, de todos modos, el mejor argumento que podía encontrar la derecha para acallar las sospechas que despertaba en el terreno de la política social. Los acuerdos firmados entre el Ejecutivo y los interlocutores sociales —hasta trece citó con orgullo Aznar en alguna ocasión— supusieron un gran tanto a su favor, con independencia de su contenido. Poco importa averiguar cuáles hayan podido ser las razones para ello. En ocasiones, los líderes sindicales pueden haber considerado que merecía la pena poner su firma bajo un acuerdo en el que el Gobierno cedía a sus pretensiones. Otras veces habrá pesado, quizá, su sentido de la responsabilidad ante la necesidad de culminar con éxito el proceso de convergencia requerido para ingresar en el euro. En general, es evidente que las centrales sindicales han madurado mucho en su manera de analizar la realidad; y su apuesta actual por el diálogo y la negociación es sincera y no responde a ningún interés coyuntural. Pero tampoco puede descartarse que, en parte, la flexibilidad sindical haya obedecido al miedo de sus dirigentes ante las posibles consecuencias de una actuación unilateral por parte del Gobierno conservador. En todo caso, el trato dado por los sindicatos al nuevo Gobierno fue, hasta la segunda legislatura, bastante más deferente que el que habían dispensado a los ejecutivos del PSOE, a los que, en varias ocasiones, habían intentado deslegitimar en el terreno social.

Apoyándose en su diálogo con los sindicatos, Aznar dijo en una intervención pública que se alegraba por haber podido acabar con «una cultura general de resistencia a las reformas». Pero las cosas habían transcurrido de otra manera; pues desde 1979 hasta 1996, la concertación social entre sindicatos y empresarios, bajo la mirada del Gobierno e incluso con su presencia directa, había logrado muchos e importantes acuerdos. Si bien hubo otros momentos conflictivos y de tensión, en los que las centrales sindicales se rebelaron contra algunas reformas —auténticas— planteadas por los respectivos gobiernos. En cambio, el Gobierno del PP no ha querido casi nunca arriesgarse a tomar medidas que pudiesen alentar la movilización de los sindicatos, con independencia de que fuesen o no oportunas por otras razones. Así que, al menos durante los seis primeros años de gestión, no puede decirse que Aznar haya intentado comprobar en serio cuál era la verdadera vocación reformista de los interlocutores sociales. Sorprendentemente, y en contra de lo que había sido su tónica anterior, el Gobierno provocó, en la primavera de 2002, la ruptura de la tranquilidad social. La aprobación del llamado «decretazo» no respondía a ninguna necesidad imperiosa de medidas de reforma laboral. Por eso, tras la huelga general convocada por UGT y CC OO el 20 de junio de ese año, el Gobierno dio marcha atrás en prácticamente todos los extremos que había modificado de forma súbita, y volvió a su táctica de enviar al BOE únicamente lo que contaba con el aval de las centrales sindicales, o al menos de una de ellas.

No están muy claras las razones por las que el Gobierno aprobó el «decretazo». ¿Quiso Aznar mostrar a los colegas del Consejo europeo un ejemplo de su coraje como gobernante, antes de finalizar la presidencia española de la UE? Otra hipótesis es que su decisión respondiese al «síndrome de la mayoría absoluta» que ha ido permeando sus comportamientos desde marzo de 2000. El hecho es que lo que Aznar planteó como «un partido que había que ganar» se convirtió en una estrepitosa derrota del Gobierno frente a los sindicatos. Poco después surgió el «caso Prestige», y cuando éste aún coleaba, la crisis de Irak. El clima de diálogo con los sindicatos ya no recuperó nunca más los niveles de placidez de los seis primeros años. Lo que había constituido un buen activo del PP —su relación con los líderes sindicales— pasó a convertirse en un terreno hostil. El 1 de mayo de 2003, los secretarios generales de las dos centrales sindicales mayoritarias concedieron una entrevista conjunta al diario *El País*, cuyo titular era muy explícito: «Lo peor que ha hecho Aznar es crear crispación social e inestabilidad política». Toda la inversión realizada por la derecha con sus acuerdos sociales parecía hecha añicos.

Éxito en el empleo y problemas en el mercado laboral

Por el contrario, nadie niega al PP que su mayor éxito político haya sido la creación de cuatro millones de puestos de trabajo. A pesar de la muy baja calidad de muchos de ellos, y de las modificaciones estadísticas —pues haberlas, haylas—, ni el propio Aznar podría haberse imaginado que ocho años después de tomar posesión estaría en condiciones de ofrecer un balance tan positivo.

Las recetas que proponía el PP para luchar contra el paro y ayudar a generar empleo no eran, antes de marzo de 1996, ni muy concretas ni muy originales. En su primer debate de investidura, Aznar anunció que las líneas principales de su actuación en este campo consistían en una determinada política económica, y en un clima social que iba a mejorar por el simple hecho de que cambiase el Gobierno. Puesto a precisar algunas medidas, habló del apoyo a las pequeñas y medianas empresas, del fomento del empleo juvenil, de un cambio en la normativa del Plan de Empleo Rural —que luego se comprobó que era más bien cosmético— y de la necesidad de una reforma laboral, cuyos ejes no explicitó. Su bagaje, pues, no era muy abundante.

Pero no tuvo necesidad de emplearse a fondo, una vez en La Moncloa, para cosechar resultados. La buena marcha del mercado de trabajo, muy poco relacionada con cualquiera de las medidas que adoptó su Gobierno en esos primeros meses, incluso le convenció de que podía ser más ambicioso. Llevado por la euforia que le produjo una bonanza del entorno internacional que se estaba trasladando al crecimiento económico, Aznar expresó el deseo de crear, desde comienzos de 1997 hasta 2003, unos 400.000 puestos de trabajo por año. Así pensaba igualar nuestro nivel de desempleo con la media europea al final de ese periodo. Algún miembro de su propio Gobierno se atrevió a poner en cuarentena el optimismo presidencial, pero finalmente se han creado más empleos que los aventurados por el principal responsable del Ejecutivo.

Como la mejoría del empleo iba en aumento, en la primavera de 1998 Aznar pronosticó que «el actual problema del desempleo en España podría acabar en los próximos tres o cuatro años». A partir de 1999, era habitual que los dirigentes del PP citasen entre sus objetivos la consecución del pleno empleo. En su programa electoral para las elecciones de 2000, avanzaron el objetivo de crear 1.400.000 empleos en la legislatura, para igualar el paro con la media europea. Ese discurso duró hasta el año 2003. A medida que se acercaba el momento de rendir cuentas ante el electorado, los números empezaron a no cuadrar tan bien, no obstante lo cual, en el periodo que va desde marzo de 2000 hasta el tercer trimestre de 2003 —últimas cifras de empleo conocidas— se han creado tantos puestos de trabajo como se habían establecido en los objetivos proclamados.

Sería estúpido negar que la situación del mercado de trabajo es mejor de lo que era anteriormente. Pero no es para echar las campanas al vuelo, pues subsisten demasiados elementos de preocupación. La cifra récord de 16.800.000 personas ocupadas que ofrece la Encuesta de Población Activa no puede ocultar que nuestro nivel de empleo —es decir, el porcentaje de personas que trabajan en proporción al de quienes están en edad de hacerlo — se sitúa seis puntos por debajo de la media europea y bastante lejos de los objetivos fijados para el año 2010 en la cumbre de Lisboa. Esa diferencia se debe íntegramente a la baja participación laboral de las mujeres españolas. Harían falta cerca de cuatro millones de empleos más de los que hoy existen para que mujeres y hombres pudiesen disfrutar de un trabajo fuera del hogar en igualdad de condiciones. Y eso sin tener en cuenta que las mujeres ocupadas cobran, en promedio, un salario inferior en un 30 por ciento al de los hombres. Solamente para que España tuviese un nivel de empleo similar al de la media europea en la administración pública, la educación, la sanidad y los servicios sociales, necesitaríamos 1,3 millones más de puestos de trabajo.

Si todo se confía al crecimiento económico, que ha sido básicamente la política seguida por el PP, esas metas quedarán lejos de nuestro alcance. Para conseguirlas, hay que romper las barreras que se oponen a la igualdad real entre hombres y mujeres en el mercado laboral; lo que a su vez exige que funcione una red eficaz de servicios sociales capaz de asumir las funciones que tradicionalmente recaen sobre las mujeres en el seno del hogar familiar. El trabajo a tiempo parcial, que en muchos países europeos ha sido la vía que ha permitido aumentar el acceso de las mujeres a un trabajo regular, no representa más que el 8 por ciento del total de los puestos de trabajo, lo que muestra que no se ha avanzado nada en este aspecto desde 1996.

Pero no sólo escasean los empleos para la mujer. Padecemos, además, un problema endémico, pues muchos de los puestos de trabajo existentes son de baja calidad, y la situación tiende a empeorar. El empleo sumergido alcanza cotas muy elevadas. La temporalidad afecta a un 30 por ciento de los empleos, un porcentaje extraordinariamente resistente a la baja, a pesar de las tres reformas que desde 1994 han intentado combatirlo. La duración media de los contratos temporales se ha reducido. La contratación de inmigrantes, muchos de ellos en situación irregular, ha servido para aumentar las diferencias internas entre unos y otros trabajadores, tanto desde el punto de vista salarial como en sus condiciones de trabajo. Y como consecuencia de todo lo anterior, la retribución media de los nuevos trabajadores es inferior en un 37 por ciento a la media.

El desempleo sigue situado en niveles muy elevados, pues a medida que hay más puestos de trabajo, aumenta el número de personas que buscan ocuparlos. Con el 11,2 por ciento de paro, seguimos a la cabeza de Europa, y el paro registrado en el Inem ha aumentado en los dos últimos ejercicios, 2002 y 2003. Su distribución es aún mas injusta, si cabe, que la de los empleos existentes. El paro femenino —15,6 por ciento— casi duplica al masculino —8,1 por ciento— ; y uno de cada cuatro parados tiene menos de 25 años. Los cabezas de familia sufren el paro en un porcentaje que representa la mitad que el de sus cónyuges o parejas, mientras que los hijos triplican el porcentaje de paro de aquéllos. Así que no todos los parados viven su situación con el mismo dramatismo. Uno de cada dos desempleados no recibe ningún tipo de prestación; y en casi medio millón de hogares españoles, todos sus miembros están parados. En cambio, cuatro de cada cinco desempleados no estarían dispuestos a cambiar su lugar de residencia para conseguir un trabajo.

En definitiva, no ha llegado aún el momento de cantar victoria en la batalla contra el paro y por la creación de empleos dignos. El reconocimiento de los avances producidos debe ir acompañado por una evaluación sincera y realista de lo mucho que queda para que quien quiera trabajar pueda hacerlo en condiciones dignas. Dignidad que además de referirse a la retribución, a las garantías legales y a la estabilidad en el trabajo, tiene que ver también con la seguridad. Porque España no es solamente el país europeo con mayor tasa de paro, y con un porcentaje más elevado de temporalidad, sino que también batimos récords en cuanto al número de accidentes laborales.

Seguridad Social para hoy; ¿y para mañana?

Las pensiones son el otro asunto en el que el PP ha puesto un énfasis especial en el ámbito social. Los populares estaban obsesionados por ganar posiciones en un sector del electorado que apoyaba mayoritariamente a sus rivales del PSOE. Además, como ya he dicho antes, en los debates televisados de la campaña de 1993 Felipe González aprovechó muy bien las incoherencias de Aznar en materia de Seguridad Social. Desde este punto de vista, la firma del Pacto de Toledo pocos meses antes de las elecciones de 1996 permitió a la derecha obtener el equivalente de un «certificado de buena conducta». Durante las primeras conversaciones del proceso que llevó al Pacto, sus representantes fueron reticentes ante una iniciativa promovida por CiU y el PSOE, que suponían que les podía restar margen de maniobra si recibían el encargo de gobernar. Pero finalmente, bien asesorados por Rodolfo Martín Villa, se sumaron al consenso elaborado por los otros grupos.

Las quince recomendaciones del Pacto se movían en el terreno de la prudencia. Los ajustes acordados por todos los grupos mantuvieron los fundamentos del sistema y prolongaron las reformas ya introducidas por los gobiernos socialistas en 1985,1989 y 1990, sin el respaldo del PP. Al estampar su firma, por lo tanto, la derecha estaba reconociendo implícitamente que debía reorientar sus propuestas anteriores en materia de Seguridad Social y de pensiones. Pero tampoco podía desatender otras clientelas, especialmente a los empresarios que, a través de las organizaciones patronales, le pedían la rebaja de cotizaciones. Aznar se comprometió públicamente a reducirlas cinco puntos en un plazo de tres años, aunque ello fuese difícilmente compatible con el análisis y las recomendaciones del Pacto. También hizo público su apoyo a la utilización de los planes de pensiones privados, recomendando su suscripción. «Al país le conviene», dijo.

Su programa se movía, pues, entre la necesidad de tranquilizar a los pensionistas y la de plantear reformas en un sentido regresivo. Ponía una vela a Dios y otra al diablo. Algo fácil de mantener en el discurso electoral, pero difícil de llevar a la práctica, máxime si decidían, como efectivamente ocurrió, continuar con la prórroga presupuestaria decidida por el Gobierno socialista, hasta el 1 de enero de 1997. Las cotizaciones sociales y las prestaciones evolucionarían entretanto conforme a la evolución de los salarios y a la previsión de inflación, pero la aportación del Estado para financiar los gastos no contributivos no aumentó significativamente por encima del nivel del ejercicio anterior. La Tesorería de la Seguridad Social tuvo que hacer frente, por tanto, a pagos que habrían debido ser sufragados por el presupuesto del Estado. De este modo, las insuficiencias de liquidez provocadas por el propio Gobierno del PP sirvieron de coartada para que Aznar y Javier Arenas se inventasen que habían recibido de los socialistas una Seguridad Social en quiebra. El balance de la Seguridad Social, auditado por el Tribunal de Cuentas, reflejó aquel año un activo muy superior al pasivo, lo que basta para desmentir sus acusaciones.

Fabricaron, pues, una gran mentira, que el PP, Aznar y sus ministros han repetido, sin embargo, con una insistencia digna de mejor causa. La parte contributiva de la Seguridad Social —es decir, la que depende de los ingresos y gastos de esa naturaleza, y que es la relevante para las pensiones— no sólo no estaba en quiebra en mayo de 1996, ¡sino que tenía superávit! Según las cifras oficiales, en ese año se ingresaron 45.155,3 millones de euros por cotizaciones, mientras que los gastos contributivos fueron de 40.736,3 millones. Es decir, un excedente de 4.419 millones. En el ejercicio anterior, la cifra había sido muy similar. Pero manipulando la realidad con alevosía, el Gobierno aprovechó el desajuste que él mismo había causado para arremeter injustamente contra los antiguos gestores; algunos de los cuales, por cierto, seguían en sus puestos. Mataban así dos pájaros de un tiro: desgastaban al PSOE, y preparaban el terreno para que luciesen mejor los resultados de su gestión a partir de ese momento.

La mejor prueba de que ellos mismos conocían la falsedad de sus acusaciones es que, en el primer presupuesto aprobado por el PP para 1997, la cantidad destinada por el Estado para financiar los complementos a mínimos de las pensiones se redujo en más de 200.000 millones de pesetas. ¿Es posible que eso lo decidiese un gobierno que había encontrado una Seguridad Social quebrada? Al hacer esa rebaja no sólo perdía credibilidad su montaje, sino que además estaban incumpliendo una de las recomendaciones del Pacto de Toledo, referida a la necesidad de separar las fuentes de financiación de la Seguridad Social. Pero la mentira sobre la presunta quiebra ha seguido siendo utilizada con desparpajo por el gobierno Aznar, hasta el punto que mucha gente ha podido llegar a creer de buena fe que se trata de una verdad indiscutible. Son muy pocas, en cambio, las voces de quienes, como José Antonio Griñán, Adolfo Jiménez o los dirigentes de Comisiones Obreras, han salido en defensa de la auténtica versión de los hechos.

Si el Pacto de Toledo era, entre otras cosas, un compromiso político para abordar el debate sobre las pensiones sin caer en excesos electoralistas y demagógicos, es evidente su incumplimiento por parte del Gobierno del PP. Lo ha incumplido al inventar una falsa quiebra de la Seguridad Social, y en otras ocasiones en las que también han actuado de manera torticera e irresponsable, como por ejemplo en algunas campañas de publicidad pagadas con el dinero de los contribuyentes y de los cotizantes, en las que se han dedicado a tergiversar lo que hicieron sus antecesores. Sólo la actitud responsable de los demás partidos políticos, y la cobertura recibida de los sindicatos al firmar acuerdos en esta materia, han permitido que sobreviva el Pacto.

Tampoco es cierto que las pensiones hayan aumentado más su poder de compra desde 1996 en adelante. Más bien sucede lo contrario. Entre 1983 y 1996 la pensión media de la Seguridad Social se incrementó en términos reales a un ritmo superior a los dos puntos anuales; mientras que en el periodo de gobierno Aznar ese crecimiento ha sido menor. Hasta el punto de que, durante su periodo al frente del Ejecutivo, el peso del gasto en pensiones sobre el PIB ha disminuido, desde el máximo histórico del 8,9 por ciento alcanzado en 1996 —en 1982 era del 6,4 por ciento— hasta el 8,4 por ciento registrado en 2002. Y ello a pesar del fuerte ritmo de crecimiento económico, de haberse incrementado la participación de las cotizaciones sociales sobre el producto bruto, y de la agobiante propaganda que se ha difundido en todas direcciones ensalzando los logros del PP en este campo.

Pero eso no es todo. No sólo no había quiebra en la Seguridad Social. No sólo dejan mucho que desear las mejoras reales —no las maquilladas por la propaganda al estilo Zaplana— que han beneficiado a los pensionistas en estos ocho años. Pensando en el porvenir, lo más preocupante es que el PP no haya sido capaz de plantear una estrategia viable y solvente para que el sistema de pensiones pueda encarar el futuro sin temor a las amenazas que penden sobre él a medio y largo plazo. Todos los expertos —salvo que expresen su opinión mediatizados por velos ideológicos— están de acuerdo en afirmar que hasta mediados de la siguiente década, la situación demográfica permite a nuestro sistema de pensiones vivir con tranquilidad. Hoy están en edad de trabajar los nacidos en el *baby boom* —desde los años sesenta hasta 1975—, mientras que llegan a la edad de jubilación las generaciones de la guerra civil y de los primeros años cuarenta, muy reducidas en relación con las que les siguen y con quienes les precedieron. La base de los cotizantes se extiende como consecuencia de estos factores demográficos, y también por la incorporación de la mujer al trabajo y el aumento de los inmigrantes que cotizan. Por tanto, la relación entre activos cotizantes y pensionistas se mantiene en una proporción razonable. Pero a partir de 2015, la situación puede invertirse sensiblemente. Entonces quienes querrán jubilarse serán los nacidos durante el periodo de fuerte natalidad, y por el momento no puede garantizarse que el crecimiento de nuevos cotizantes se vaya a producir al ritmo necesario para preservar los equilibrios del sistema.

Los responsables del PP han sido perfectamente conscientes de la situación. En su alocución al Congreso del PP de enero de 2002, Aznar aseguró que «la situación demográfica es una catástrofe y (...) un desastre»; que, junto al aumento de la esperanza de vida, conduce a «un proceso muy acusado de envejecimiento de la población». Su conclusión era obvia: «Tenemos que dedicar recursos ingentes a favor de nuestros mayores, y esta realidad es una realidad para la que tenemos que estar preparados». Su análisis era correcto y claro. Pero durante su mandato no ha adoptado las decisiones políticas que en pura lógica se derivan de él.

En España el fenómeno del envejecimiento se va a plantear algo más tarde que en otros países europeos. Pero de no adoptarse a tiempo las medidas adecuadas, las consecuencias negativas se manifestarán en su momento de forma muy aguda. El aumento del número de personas mayores ya se puede calcular con precisión. De aquí al año 2020 pasaremos de 7 a 8,6 millones de personas de más de 65 años. En 2030 serán 1,8 millones más, y en 2040 la cifra llegará hasta los 12,4 millones, dos más que en la década anterior. Como se ve, un aumento muy fuerte, y que además se irá acelerando con el paso del tiempo, hasta la mitad de este siglo. Lo que hay que decidir es quiénes y cómo van a aportar los recursos necesarios para pagar una pensión digna y proporcionarles atención suficiente a todos ellos.

No es nada fácil tomar decisiones para reformar el sistema de pensiones. De una parte, porque cualquiera de las posibles medidas que se barajan conllevarían, al aplicarse, repercusiones de cierta trascendencia sobre el bienestar de un colectivo muy significativo y creciente de la población que, en su inmensa mayoría, no puede obtener recursos alternativos a los proporcionados por su pensión. Antes de tomar cualquier decisión, conviene pues medir bien sus consecuencias y lograr el mayor grado de consenso posible. De otra parte, mientras que la actual situación financiera de la Seguridad Social sea boyante, resulta complicado convencer a los electores que ha llegado el momento de actuar para corregir unos desequilibrios que sólo se pondrán de manifiesto dentro de quince o veinte años.

El PP no ha sido, desde luego, capaz de encontrar la solución a ese dilema. Ha puesto toda la carne en el asador para vender la buena salud del sistema contributivo. Ha exhibido como prueba los aumentos en las cifras de afiliación, realmente importantes aunque más complejas de interpretar de lo que piensa el Gobierno, pues al mismo tiempo la cotización media por afiliado no se ha incrementado como era de esperar. Y en lo demás, se ha escudado en el consenso del Pacto de Toledo y en los acuerdos con los interlocutores sociales para no exponer su propia estrategia ni proponer la adopción de reformas en profundidad. Es decir, no han cogido el toro por los cuernos.

Para colmo, los populares no han resistido la tentación de presentar el Fondo de Reserva como la panacea que resolverá todas las preocupaciones generadas por las proyecciones de los demógrafos y las advertencias de los expertos. Curiosamente, en el debate del estado de la nación del año 1999, Aznar todavía negaba que fuese necesario dotar ese Fondo, previsto desde cuatro años antes en las recomendaciones del Pacto de Toledo; pero pocos meses después, cuando se acercaron las elecciones, el Gobierno acordó crearlo. Hoy el Fondo asciende ya a 12.000 millones de euros; una cantidad respetable, aunque con los datos hoy disponibles no es posible predecir con rigor hasta qué nivel debe aumentar su dotación. Antes habría que aclarar de una vez por todas cuál es la auténtica finalidad para la que fue creado. Si de lo que se trata con él es de dar estabilidad a la financiación de las prestaciones a lo largo del ciclo económico, evitando recurrir al aumento de las cotizaciones cuando el crecimiento del empleo se estanque, su cuantía actual se acerca ya al nivel óptimo. Pero hay que decir con sinceridad a los ciudadanos que un Fondo de estas características difícilmente va a ser, por sí solo, «la solución» a los problemas de envergadura que ensombrecen el futuro del sistema de protección social, pues para ello su dotación tendría que ser considerablemente superior —¿treinta o cuarenta veces mayor?— que la que se ha venido manejando por el Gobierno del PP. Por eso es inadmisible engañar a la opinión pública diciendo que «este Fondo es el elemento central que nos permite garantizar el futuro de nuestra Seguridad Social», como afirmó un día Aznar.

Ese futuro sólo quedará despejado cuando se adopten las medidas y estrategias adecuadas para enfrentar el horizonte a medio y largo plazo, como vienen repitiendo cada vez de manera más insistente la OCDE, la Comisión Europea, los demógrafos y los institutos de estudios económicos más solventes. El Gobierno ha reiterado hasta la saciedad que hasta 2015 no hay problemas. De acuerdo. Pero ¿qué sucederá después? No se puede esperar hasta esa fecha para empezar a despejar la incertidumbre y plantear una reforma digna de ese nombre. Por pura responsabilidad, hay que actuar antes.

En un país con un sistema de Seguridad Social maduro como el nuestro, con un volumen ingente de derechos ya adquiridos o en curso de adquisición, su reforma tiene que basarse en el mantenimiento del actual mecanismo de reparto —en el que las cotizaciones de los activos financian cada año las pensiones cobradas ese mismo año— e introducir en él los oportunos ajustes. Los dos principales son, sin duda, el alargamiento de la vida laboral y la ampliación del número de años de cotización utilizados para calcular la pensión. Combinando otras variables para diversificar riesgos y esfuerzos, también podría pensarse en la introducción progresiva, con carácter obligatorio, de cuentas individuales dentro del sistema público, de modo que cada cotizante pudiese completar la pensión resultante del cálculo basado en el sistema de reparto con un porcentaje capitalizado de sus propias aportaciones. O en fórmulas análogas, que aumenten la correspondencia entre lo que cotiza cada afiliado y lo que éste percibe luego como pensión, sin capitalizar una parte de lo cotizado.

El riesgo de no hacer nada de aquí al año 2015 es alto. Lo razonable sería aprovechar los años de respiro que nos ofrecen la demografía y el crecimiento del empleo para concretar algunas de las pistas que se derivan de los compromisos suscritos por la mayoría de las fuerzas políticas. Pero a pesar de la palabrería reformista del PP, nada relevante se ha hecho desde 1997, cuando en aplicación de lo convenido en el

Pacto de Toledo se acordó ampliar progresivamente de ocho a quince años el periodo de cálculo de la pensión. La revisión del Pacto de Toledo, aprobada en el Congreso en octubre de 2003, recoge líneas generales de actuación, pero deja su desarrollo en manos de quienes se responsabilicen del gobierno a partir de las elecciones de marzo de 2004.

No hay que dejarse llevar por el catastrofismo. Estamos aún a tiempo de reaccionar, aunque no hubiese venido nada mal haber empezado ya a trabajar pensando en el futuro. La mayoría de los países europeos ya lo están haciendo, con estrategias diferentes en cada caso, pero todas pensadas para equilibrar la relación futura entre, por un lado, los activos cotizantes y sus aportaciones, y por otro el número de pensiones y su cuantía. En todo caso, desde la cumbre de Lisboa de marzo de 2000, la Unión Europea sigue de cerca las diferentes reformas, y se atreve cada vez más a expresar su preocupación por la pasividad de los países más retrasados, entre los que nos encontramos. Así que, o lo hacemos por propia iniciativa, o más pronto que tarde nos dirán desde Bruselas que lo hagamos.

De todos modos, el envejecimiento de la población causado por el aumento de la esperanza de vida no sólo plantea problemas al sistema de pensiones. Afectará también a la asistencia sanitaria, a la atención a las personas dependientes, a la estructura de las familias, a la manera de concebir y organizar el tiempo libre y la actividad profesional a lo largo del ciclo vital de las personas. Y, por supuesto, tendrá un fuerte impacto sobre el dinamismo y la capacidad de innovación de nuestro sistema productivo. Prácticamente todos los elementos de lo que solemos denominar «el modelo de sociedad» se verán afectados.

Tal desafío ha de abordarse, en consecuencia, con una visión amplia. Introduciendo reformas en la propia concepción del Estado de bienestar, reforzando la raquítica red de nuestros servicios sociales, poniendo en marcha auténticas políticas de familia —que descarguen a la mujer del exceso de tareas que ha tenido que asumir en el seno del hogar—, reorganizando la vida social y diseñando una política de inmigración integral, no exclusivamente represiva. En ninguno de esos terrenos ha brillado la acción de gobierno del PP desde 1996. Más bien ha sucedido lo contrario.

Tres reformas, y tres fracasos en política de inmigración

El simplismo con el que Aznar afrontó al comienzo de su gestión el fenómeno de la inmigración, entonces todavía reducido a unos pocos cientos de miles de personas, se puso de manifiesto con ocasión del incidente generado por la expulsión apresurada de Melilla de un centenar de personas procedentes del África subsahariana. El ministro del Interior Mayor Oreja los embarcó en un avión militar, donde se les proporcionó una sustancia narcotizante antes de repartirlos por ese continente. Nadie pudo dar razón de lo sucedido con muchos de ellos a partir de su entrega a diferentes países, sin que hubiese garantías de que fuesen los suyos de origen. Incluso llegó a decirse que alguno de ellos había muerto. Ante el escándalo generado por la actuación del Gobierno, un periodista quiso conocer la opinión del presidente, a lo que éste respondió escuetamente: «Había un problema, y se ha solucionado». Pero la inmigración no es un problema, sino un gran reto ante el que estamos abocados a encontrar respuestas. Y ni entonces, ni ocho años después, las autoridades gubernativas han empezado a encontrarlas para aportar soluciones.

Durante la primera legislatura del PP, y ante la pasividad del Gobierno, el Congreso tomó la iniciativa. Una proposición de ley presentada por CiU sirvió para que todos los grupos parlamentarios avanzasen en la elaboración de un texto que debía sustituir a la vieja Ley de Extranjería de 1985. El ministro de Trabajo, Pimentel, apoyó el trabajo realizado, pero no ocurrió lo mismo con Mayor Oreja. Éste, junto con Aznar, participó en los debates que culminaron con la aprobación de unas líneas de actuación suscritas en el Consejo Europeo de Tempere (Finlandia), en el otoño de 1999. Y fueron probablemente esos debates los que le llevaron a interesarse por lo que los diputados —incluidos los de su partido— habían venido consensuando. A última hora, el PP decidió votar contra el texto pactado, que, sin embargo, fue aprobado con el voto de todos los demás grupos de la Cámara, entrando en vigor dos meses antes de las elecciones. El programa electoral de los populares se comprometió a cambiarlo en sentido restrictivo, si contaban con una mayoría para ello.

Los incidentes de El Ejido (Almería), en los que una parte de sus vecinos protagonizaron unas fuertes y tensas movilizaciones protestando contra el asesinato de una joven a manos de un magrebí, se convirtieron en una muestra de xenofobia en vísperas de las elecciones de 2000. El alcalde de la localidad se puso al frente de las protestas, y el PP —al que pertenecía el edil— no desaprovechó la oportunidad de utilizar esos hechos para avalar su postura restrictiva ante la nueva ley, frente a los demás partidos que la habían apoyado. Por primera vez, la inmigración se colocaba en el primer plano de la agenda política nacional, pero lo hacía de forma indeseable: bajo la presión de una campaña electoral, y sometida a la demagogia de quienes quisieron aprovechar el río revuelto para pescar unos cuantos votos.

Respaldado por su mayoría absoluta, el PP ha aprobado dos nuevas leyes de extranjería en la última legislatura. La primera, corrigió los «excesos» de la que habían consensuado los demás partidos. Y la segunda, tuvo que volver sobre algunos aspectos que el Tribunal Constitucional rechazó, al dictar sentencia sobre el reglamento que desarrolló la ley anterior. Además, en una de las varias reformas sufridas por el Código Penal durante la última legislatura, se han introducido nuevos tipos penales relacionados con el fenómeno de la inmigración. Como recordó un portavoz socialista, la política del gobierno Aznar en este campo se podía resumir con un eslogan: «Tres ministros —Mayor Oreja, Rajoy y Acebes—, tres reformas diferentes en tres años, y tres fracasos». Porque a pesar de tanta actividad legislativa, la situación dista mucho de haber encontrado un marco estable.

En primer lugar, el crecimiento del número de inmigrantes sigue siendo muy rápido. A estas alturas ya se sabe que el «efecto llamada» obedece a causas mucho más profundas y permanentes que los provocados por la ley aprobada al final de la VI legislatura. La llegada a nuestras costas de las pateras —viva imagen de un tráfico de seres humanos que en nada desmerece al de los esclavos de hace varios siglos— sigue batiendo récords, sea cual sea la ley vigente. Pero la mayoría de los inmigrantes no llegan en patera. En 1997 había en España 270.000 inmigrantes legales originarios de países no miembros de la Unión Europea. Seis años más tarde, ese número ha ascendido a más de 1.600.000, y se estima que hay al menos otros 500.000 en situación irregular. Según los últimos datos del INE, la población española creció en el año 2002 en casi 900.000 habitantes; la mayoría de ellos son inmigrantes de primera o segunda generación. En los últimos cuatro años, hasta octubre de 2003, el número de extranjeros afiliados a la Seguridad Social se ha multiplicado por tres, hasta llegar en esa fecha a un millón de personas.

El segundo elemento a tener en cuenta es que nuestra capacidad de integración, como la de cualquier sociedad, no es ilimitada. La política de apertura de fronteras para acoger a quienes desean venir a nuestro país a trabajar y ganarse la vida tiene que partir de una visión realista. No podemos cerrar los ojos ante la evidencia de que no es posible extender hasta el infinito la posibilidad de acoger, en condiciones dignas, a todos los que querrían establecerse entre nosotros y probar fortuna en un país que les ofrece, pese a todo, unas posibilidades potenciales que el suyo de origen les niega a rajatabla. El esfuerzo que hay que hacer en España, tradicionalmente un país de emigración, para encontrar un punto de equilibrio es considerable y requiere que todos renuncien a la demagogia en un asunto tan delicado como éste.

A su vez, el cuidado exquisito que hay que poner para no facilitar la entrada a más personas de las que podemos integrar en las condiciones que nuestra sociedad está dispuesta a asumir no puede perder de vista que en los próximos quince o veinte años van a seguir viniendo inmigrantes a nuestro país. En primer lugar, porque no seremos capaces de cerrar a cal y canto las fronteras, dada nuestra situación geográfica, la proximidad cultural que nos une a los países latinoamericanos y el ingreso en la UE de nuevos países que hasta ahora son exportadores de mano de obra. Y en segundo lugar, porque incluso si pudiésemos en teoría impermeabilizar nuestras fronteras, necesitamos que vengan inmigrantes a un ritmo suficiente como para compensar los efectos de la caída de natalidad registrada en el último cuarto de siglo.

La apertura gradual de las fronteras no es, por lo tanto, una concesión, sino que responde a nuestros propios intereses. Sin ese flujo de entrada de mano de obra, no tendremos posibilidad alguna de ajustar la oferta y demanda de trabajo, lo cual repercutiría inmediatamente sobre nuestro potencial de crecimiento. No sólo no nos quitan puestos de trabajo, sino que no podríamos ocuparlos sin ellos. Quizá no es muy conocida la situación paradójica en la que nos encontramos: mientras que nuestras ciudades se llenan de cientos de miles de personas sin papeles, y en ocasiones sin techo, el contingente aprobado por el Gobierno para regular la entrada de inmigrantes legales solamente se cubrió en un 42 por ciento el año 2002. ¿No es ése el resultado de una política que ha perdido totalmente el norte? Si la cerrazón con la que el PP se ha enfrentado hasta ahora al desafío de la inmigración prosiguiese en los próximos años, se acabará por conducir a nuestra sociedad a un callejón sin salida. El propio Gobierno, en sus proyecciones demográficas, reconoce que serán necesarias unas entradas netas de nuevos inmigrantes a razón de 160.000 personas cada año para ayudar a equilibrar la estructura de edades de la población, compensando el proceso de envejecimiento de la población autóctona, y contribuyendo a la recuperación de unas tasas de natalidad que permitan el aumento sostenido de la población y garanticen que la oferta de fuerza de trabajo alcance el nivel de la demanda.

La situación miserable en la que muchos inmigrantes se ven forzados a sobrevivir en nuestras ciudades y pueblos requiere soluciones urgentes. Sin ir más lejos, cualquier diputado al Congreso puede comprobar cada mañana las enormes colas que se forman a escasos metros del Palacio de las Cortes, integradas por inmigrantes de todas las procedencias imaginables, que esperan en la calle —en condiciones lamentables— hacer alguna gestión en la Comisaría de la Policía Nacional de la calle de Los Madrazo. Pero las Fuerzas de Seguridad no son, probablemente, las más indicadas para realizar esas labores burocráticas, mientras siguen sin contar con medios adecuados y suficientes para el control de las fronteras y de las organizaciones criminales surgidas al calor de este fenómeno. Un entramado cada vez más tupido de redes mafiosas tratan de sacar el máximo beneficio a base de explotar a los inmigrantes en situación irregular. Esas mismas redes, u otras similares, les han ayudado a traspasar la frontera y a conseguir una vivienda, en la que viven hacinados todos los miembros de una familia. Aprovechando una oferta de mano de obra barata y abundante, carente en ocasiones del mínimo conocimiento de los recursos que están a su alcance en nuestra legislación laboral y social, las condiciones de trabajo se han degradado en muchas empresas y sectores. Hay empleadores interesados en que el trabajador no llegue a conseguir los ansiados papeles que regularizarían su situación, para ahorrarse así la cotización a la Seguridad Social y negarle los derechos que le corresponden.

Tras la ruptura por el PP del acuerdo alcanzado en vísperas de las elecciones de 2000, el PSOE tendió la mano al Gobierno, ofreciendo un pacto de Estado para abordar en toda su dimensión lo que, como ha dicho en muchas ocasiones Rodríguez Zapatero, habría sido objeto de una atención especial y de un gran esfuerzo de consenso de haber estado planteado al elaborarse la Constitución; pero su oferta ha sido rechazada una y otra vez. En vez de buscar el entendimiento y fraguar una estrategia común, el PP ha preferido quedarse solo tomando decisiones equivocadas y descalificando cualquier propuesta que no emane de sus propias filas. Para ello, ha recurrido una y otra vez a desfigurar las posiciones de los demás, acusando a toda la oposición, sin ninguna base, de querer abrir de par en par las fronteras como única línea de actuación.

Las sucesivas leyes de extranjería y las medidas que ha ido adoptando el Ejecutivo de forma errática no han servido para frenar las entradas de personas sin papeles, ni para regular los flujos de inmigrantes mediante acuerdos con sus países de origen, ni para enfocar las necesarias medidas de integración en un marco coherente. El Gobierno, apoyado en su mayoría absoluta, ha recurrido en numerosas ocasiones a medidas de carácter penal para enfrentar problemas que hubiesen requerido un tratamiento más sutil; y la inmigración no se ha librado de ello. La expulsión automática de los extranjeros que cometan un delito —prevista en una de las modificaciones del Código Penal impulsadas por Michavila y Acebes— puede provocar que muchos de ellos queden impunes; no sería extraño, incluso, que esos mismos delincuentes vuelvan a introducirse de nuevo en nuestro territorio. Y por encima de todo, el Gobierno del PP ha descuidado las políticas de integración. El Plan Greco fue aprobado sin prestar atención a las propuestas de la oposición y carece de recursos suficientes para su desarrollo efectivo. Las consecuencias pueden ser graves, pues cuanto menor sea la integración real de los inmigrantes en nuestra vida social, mayor riesgo habrá de que las tendencias de rechazo a quienes son diferentes se abran camino.

La sensación de desorden y de descontrol que traslucen las actuaciones del Gobierno en este campo generan inseguridad, que es el mejor caldo de cultivo de las manifestaciones xenófobas. Por suerte, esas manifestaciones no se han extendido aquí tanto como en otros países europeos, pero ya aparecen más veces de las que desearíamos. Lo han hecho incluso en el discurso de nuestras autoridades en la materia, que han caído en ocasiones en una demagogia tan fácil como intolerable. Así sucedió cuando algunos portavoces del Gobierno —e incluso el propio Aznar— pretendieron vincular la inmigración irregular con el aumento de los índices de delincuencia, manipulando las cifras oficiales. O cuando aprovecharon casos circunstanciales —como el de la niña que acudió al colegio con un *hiyab* en la cabeza— para mezclar lo que para muchas mujeres musulmanas no es sino una forma de afirmar su identidad cultural, con un supuesto ataque a los valores inmutables de Occidente.

Los sectores de la sociedad civil más en contacto con la realidad piensan de otra manera. En un informe dirigido por un grupo de organizaciones no gubernamentales españolas a la relatora especial de Naciones Unidas sobre los derechos humanos de los migrantes y sus familias, se considera que la política seguida en estos años en España ha estado caracterizada por la dureza y la defensa de posturas rígidas, y carece de un proyecto que articule de modo adecuado tres elementos: una apuesta comprometida a favor del codesarrollo con los países de origen; una política de flujos consistente; y una estrategia clara para la integración. Según esas ONG, el gobierno ha planteado la inmigración como un problema, y no como un desafío. Dicen que sus actuaciones han sido muy deficientes, mostrando graves carencias en las políticas sociales, laborales y educativas relacionadas con la inmigración. Y entre las muchas recomendaciones incluidas en su informe, destaca una: la responsabilidad de dirigir las actuaciones en esta materia debe encomendarse al Ministerio de Trabajo y Asuntos Sociales, y no al de Interior. ¿Por qué no se les escucha?

La inmigración, en fin, nos fuerza a definir el tipo de sociedad que queremos construir. La alternativa es clara: o la sociedad española asume como normal el aumento de su pluralidad interna derivado de la inmigración, o se resigna al envejecimiento, al descenso de la población y a la pérdida de dinamismo. Y renuncia, por tanto, al futuro. Como es de esperar que ningún responsable político suficientemente informado se pronuncie por esta última opción, debemos prepararnos sin más demora para la primera de ellas. Lo cual no significa en absoluto que debamos echar por tierra nuestros principios y valores, entre ellos el de la igualdad básica de todos los seres humanos y el del derecho de todos a una vida digna. La llegada de personas con creencias religiosas y pautas culturales muy diferentes a las nuestras plantea interrogantes fundamentales. Debemos conciliar el respeto al pluralismo y a las tradiciones y valores de cada persona o grupo con la igualdad de los ciudadanos ante la ley y con nuestra concepción de los derechos humanos y de la dignidad de las personas. De lo contrario, la garantía del pluralismo podría llegar a chocar con la defensa de las libertades individuales, o poner en peligro mecanismos básicos de cohesión social. España siempre ha sido un país plural desde el punto de vista cultural y lingüístico. En los últimos veinticinco años hemos recorrido un largo camino para que la pluralidad que se deriva de nuestra condición de nación de naciones encuentre acomodo en la estructura institucional y en el sistema político. Ahora, a ese gran reto hemos de añadir el representado por la existencia de un porcentaje creciente de la población que tiene unas tradiciones, una lengua y un modo de ser extraordinariamente variado, y en todo caso distinto al de los españoles, sean éstos catalanes, andaluces, vascos o gallegos.

El trabajo de la mujer y los servicios sociales

Existe un acuerdo generalizado en el sentido de que la inmigración, por sí sola, no va a resolver nuestros propios problemas demográficos; ni los desequilibrios a largo plazo del sistema de protección social; ni el escaso nivel de empleo. Una parte importante de esa solución tiene que surgir de los cambios que seamos capaces de introducir en el interior de nuestros hogares. Mientras siga recayendo sobre las mujeres el peso principal de las tareas y cuidados necesarios para el funcionamiento del núcleo familiar, éstas se verán forzadas a optar entre la maternidad y el empleo. Lo cual, como sabemos por experiencia, conlleva tasas de empleo femenino muy bajas y una natalidad que se sitúa también entre las más bajas del mundo. Y ello conduce a una sociedad envejecida, sin dinamismo y sin suficientes recursos para resolver por sí misma sus problemas y desafíos.

El PP comparte en teoría el diagnóstico, pero no ha sido capaz de romper ese círculo vicioso. Su aversión a las políticas de discriminación positiva a favor de las mujeres desmiente sus afirmaciones de principio a favor de la igualdad entre ambos géneros. Lo mismo que sus proclamas sobre el papel de la educación como «auténtica revolución y motor de cambio» para asegurar una efectiva igualdad de oportunidades entre hombres y mujeres se han convertido en papel mojado desde el momento en que su política educativa tiene, en la práctica, otras prioridades a las que me referiré luego. Es verdad que se ha aprobado una ley para impulsar la conciliación entre la vida laboral y la maternidad, pero las medidas que incorpora son tímidas, y sus resultados hasta ahora más bien magros.

En el ámbito de los servicios sociales, el llamado «cuarto pilar» del Estado de bienestar, los avances registrados desde 1996 han sido mínimos. La política de apoyo a la familia ha quedado reducida a unas pocas ayudas de carácter económico para la atención de los hijos, que en muchos casos ni siquiera pueden percibir las madres que no trabajan fuera del hogar, o que no superan el mínimo de ingresos a partir del cual hay que presentar la declaración del impuesto sobre la renta. Zaplana prometió más recursos para la creación de guarderías, un plan de acción para las personas mayores..., pero a la hora de la verdad sus promesas no han dejado huella en los créditos presupuestarios. Entre tanto, España sólo ofrece una plaza de residencia por cada ocho personas mayores que no pueden ya valerse por sí mismas; los servicios sociales atienden a menos del 10 por ciento de los discapacitados que necesitan ayuda; y somos uno de los países europeos con menos plazas de guardería —un 5 por ciento para niños menores de tres años—. La otra cara de esa moneda son miles y miles de mujeres que soportan una doble jornada de trabajo, dentro y fuera del hogar, o que tienen que renunciar a mantener su vida profesional, o que retrasan año tras año la realización de su deseo de ser madres.

EL PP Y LA SANIDAD

Las actuaciones llevadas a cabo por el PP en el campo de la asistencia sanitaria y de las políticas de salud han tenido poco que ver con algunas de las propuestas más llamativas que formuló desde la oposición. En aquella época, los populares insistían en la necesidad de cambiar radicalmente el sistema sanitario conformado a partir de la creación del Sistema Nacional de Salud, tanto por la insatisfacción que producía, según ellos, su mal funcionamiento como para hacerlo viable desde el punto de vista económico. Según decían entonces, era imposible que el Estado actuase en este sector conforme a criterios de racionalidad económica; con lo que la gestión pública elevaba el coste de mantenimiento del sistema, y además ofrecía servicios de baja calidad. Como ejemplos de esta última se citaban continuamente las listas de espera y la atención masificada.

Del diagnóstico se pasó a la solución: el PP opinaba que la eficacia unida a la calidad «sólo podrá conseguirse si abrimos el sistema sanitario público a la iniciativa privada e introducimos en él elementos de concurrencia». Lo anterior lo escribió Aznar en 1994, en su libro sobre la «segunda transición» para, a continuación, deshacerse en alabanzas a la sanidad privada y al modelo de la Muface, en los que «los afiliados sí pueden elegir entre distintas entidades sanitarias privadas y la Seguridad Social». De acuerdo con su teoría general sobre los servicios públicos, en el ámbito de la salud no había que unir titularidad y gestión: «son cuestiones independientes, que deben resolverse de forma separada».

Para tranquilidad de todos, y sobre todo de los enfermos y demás usuarios de la sanidad pública, el programa electoral de 1996 recogió velas en aras de recoger votos, tratando de evitar las críticas del electorado ante los intentos de privatización. Una vez en el Gobierno, Aznar siguió la línea marcada por el programa e incumplió buena parte de sus compromisos anteriores. Sus actuaciones más relevantes se han dirigido, por ello, por otros derroteros no tan radicales, aunque bastante más confusos y difíciles de clasificar. Quizá sus medidas más significativas hayan sido la implantación de algunos modelos de gestión indirecta en los hospitales del Sistema Nacional de Salud; la culminación de los traspasos de competencias a las autonomías poniendo fin al «territorio Insalud»; y la aprobación de un modelo de financiación del sistema, una vez que los traspasos se llevaron a la práctica. Los intentos de privatización generalizada, por tanto, pasaron a engrosar la ya larga lista de promesas y compromisos del PP en su etapa de oposición que luego nunca se llevaron a cabo.

Los resultados de la introducción de fórmulas de gestión indirecta, que también han sido probadas en las autonomías que gestionan la asistencia sanitaria desde los años ochenta, no han sido evaluados de forma sistemática e independiente. Se han multiplicado las experiencias —Fundaciones, Consorcios, hasta concesiones administrativas como el conocido caso de Alzira (Valencia)— sin que todavía pueda saberse a ciencia cierta quién acertó y qué beneficios o perjuicios se han aportado por cada una de ellas. En algunos casos han ofrecido mejoras evidentes de calidad en la atención de los pacientes, pero no siempre ha sido así. Y en general, la flexibilidad que se buscaba para facilitar el trabajo de los gestores se ha visto recortada por los responsables de controlar el gasto desde los correspondientes departamentos de Hacienda.

El modelo de financiación sanitaria que se introdujo en el ejercicio de 2002, coincidiendo con el traspaso de la gestión del Insalud a las diez Comunidades Autónomas de la llamada «vía lenta», ha provocado algunas disfunciones. No está siendo capaz de superar la insuficiencia de recursos que caracteriza el Sistema Nacional de Salud, y además es incapaz de garantizar la igualdad de acceso de todos los ciudadanos a los servicios que, en teoría, se les prestan.

Eso sí, el gasto sanitario público no solamente no se ha disparado, sino que más bien se ha congelado. Según datos elaborados por la OCDE, desde 1990 hasta el año 2001, su peso relativo en el PIB solamente ha aumentado en 0,9 puntos; algo menos que la media del conjunto de los países miembros de esa organización. Por citar un término de referencia próximo, en ese mismo periodo Portugal aumentó su esfuerzo financiero en sanidad en tres puntos del PIB. En la Unión Europea, somos el penúltimo país en gasto sanitario por habitante —1.600 dólares anuales— sólo por delante de Grecia.

EDUCACIÓN: NI CANTIDAD, NI CALIDAD

Antes de llegar al Gobierno, ni el PP ni Aznar disimularon su escaso entusiasmo por el sistema público de enseñanza. Aunque, como en otras muchas áreas, fueron suavizando el discurso para no ahuyentar a los electores moderados, sus planteamientos en política educativa no dejaron nunca de mantener elementos comunes con las posiciones más tradicionales —y confesionales— de la derecha española de siempre.

Los populares acusaban al PSOE de haber limitado de modo injustificable el ejercicio de la libertad de enseñanza, a pesar de que fuesen el Gobierno y la mayoría socialista quienes, en la LODE, regularon la figura de los centros concertados, es decir, de centros privados que, a cambio de cumplir las condiciones fijadas por la ley para los niveles obligatorios de enseñanza, reciben a partir de entonces una financiación equivalente a la de los centros públicos. Pero este sistema era reflejo, para el PP de la época, «de una concepción dirigista». Los populares también criticaron el sistema educativo público por su «gestión muy burocratizada», sus «serios despilfarros» y la «preocupante pérdida de calidad». En sintonía con los representantes de la enseñanza privada, se opusieron a que el Estado limitase «la libertad de elección de centro en los niveles de enseñanza que tienen garantizado el derecho de gratuidad», y afirmaron que no era la Administración quien debía fijar las plazas escolares de cada centro educativo.

Esas críticas, junto con las referidas a la reforma de las enseñanzas medias impulsada a raíz de la aprobación de la LOGSE, que estaban siendo implantadas progresivamente cuando se produjo la victoria electoral de la derecha, o las que se dirigían al funcionamiento de las universidades, auguraban que, en el momento en que la derecha llegase al Gobierno, se produciría una reforma en profundidad del sistema puesto en pie en los años ochenta. Éste había elevado los niveles de la escolarización obligatoria y gratuita, y multiplicado el número de estudiantes universitarios. Pero la educación fue uno de los sectores en los que, probablemente, el PP echó más en falta la mayoría absoluta que no consiguió en marzo de 1996. Sus socios parlamentarios, tanto CiU como el PNV, habían apoyado lo sustancial de las reformas educativas socialistas y gestionaban su aplicación desde sus respectivas Comunidades Autónomas, con lo que frenaron inmediatamente los impulsos de los conservadores.

Ante esas limitaciones, los ejes de la estrategia del PP tuvieron que modificarse, y durante la primera legislatura el Gobierno de Aznar no pudo llevar a cabo grandes reformas. Su actuación más significativa en ese periodo fue la reforma de los planes de estudio en los niveles obligatorios de enseñanza. Aznar y su ministra de Educación, Esperanza Aguirre, manifestaron su honda preocupación por el lugar subalterno que, según ellos, ocupaban las humanidades y la enseñanza de la Historia de España en los currículos aprobados por los gobiernos socialistas, con el apoyo nacionalista. Al final, el margen para introducir desde el ministerio todas las modificaciones anunciadas era mucho menor que el que se deducía de las declaraciones oficiales, y el impacto real de los cambios no fue muy relevante. Donde sí se notó la mano del Gobierno popular fue en las becas, cuya financiación disminuyó claramente. Esta función no había sido transferida a las autonomías, a diferencia de lo que sucedió con la gestión de las escuelas e institutos del antiguo «territorio MEC» —correspondiente a las diez autonomías de la llamada «vía lenta»— que dejó de ser en esos años responsabilidad del Gobierno central, tras los correspondientes traspasos.

A partir de la mayoría absoluta de 2000, las cosas en el sector de la educación, como en tantos otros, cambiaron a peor. El Gobierno empezó a legislar sobre todos los asuntos en los que no había podido actuar antes, gracias a la contención forzada por sus socios. La ministra Pilar del Castillo reveló pronto su gran habilidad para enfrentarse con todos los sectores de la comunidad educativa. Su Ley de Universidades puso en pie de guerra a los rectores, al profesorado y a miles de estudiantes, que se manifestaron contra las reformas propuestas por el Gobierno, pese a lo cual, en el Congreso de los Diputados la unanimidad de la oposición no pudo forzar cambios significativos en su articulado. Pronto, los efectos de esa ley han empezado a poner en evidencia a sus autores: la endogamia y el corporativismo en la selección del profesorado universitario no sólo no han remitido, sino que parece que han aumentado aún más, y los rectores elegidos conforme al nuevo sistema introducido por voluntad del Gobierno se han seguido enfrentando a la política del ministerio tanto o más que sus antecesores. El resto de los problemas de la enseñanza superior siguen en la misma o parecida situación: el nuevo sistema de acceso de los estudiantes recibe críticas aún mayores que las que se dirigían a la selectividad; los planes de estudio serán sometidos de nuevo a cambios, pues tienen que ser adaptados a los acuerdos europeos; los jóvenes investigadores se quejan con mucha razón de la escasez clamorosa de las ayudas públicas; y, un año más, nuestras universidades son las que cuentan con menos recursos por alumno de toda la Unión Europea.

La Ley —mal llamada— de Calidad ha reintroducido en nuestro sistema educativo un peligroso factor de discriminación: los nuevos itinerarios separan a unos estudiantes de otros antes de llegar a los dieciséis años, cuando aún no han cubierto todos los cursos de la enseñanza obligatoria. También se ha aprovechado esa ley para dar un paso atrás en la regulación de la enseñanza de la religión católica, que vuelve a estar equiparada a cualquier otra asignatura a efectos del expediente académico, como en los viejos tiempos. En cambio, y a pesar de su pomposa denominación, la Ley de Calidad no ha aportado lo que, en buena lógica, es consustancial a cualquier política que pretenda mejorar la calidad de la educación: dinero. Amparado en que la aplicación de la ley corresponde a las autonomías, el Gobierno ni siquiera se tomó la molestia de enviar al Congreso una memoria económica para acompañar su proyecto. Mientras, las escuelas e institutos de la red pública tratan de sobrevivir a la falta de recursos y al nuevo desafío que supone la llegada de los hijos de los inmigrantes. Los centros públicos están, a estos efectos, soportando lo esencial de esa nueva responsabilidad, sin contar para ello con medios que les permitan atender las nuevas necesidades que se originan por las diferencias lingüísticas y culturales y por las especiales dificultades de adaptación de esos alumnos.

Las pobres cifras de la política social del PP

Como es sabido, en materia de gasto social nos hemos alejado de Europa durante los años de gobierno del PP. Según los últimos datos comparativos ofrecidos por Eurostat, referidos al año 2000, mientras que en España se dedicó a esa función el 20,1 por ciento de nuestro Producto Interior Bruto, la media de la UE a quince dedicó el equivalente al 27,3 por ciento. Y se estima que en los años siguientes, ese porcentaje probablemente ha seguido disminuyendo. En este terreno, por lo tanto, no estamos convergiendo con nuestros socios europeos, sino que nos alejamos de ellos. Y lo hacemos prácticamente en todas las áreas a las que se dirige el gasto público de carácter social.

La cicatería de los recursos destinados en los presupuestos a las políticas sociales ha sido compatible con el mantenimiento —al menos en teoría— de la universalización de los grandes servicios públicos: pensiones, educación y sanidad. El Gobierno ha optado de este modo por el cinismo: al mismo tiempo que negaba una mayor financiación de esos servicios, se convertía en el primer crítico de su baja calidad, como si las causas del deterioro de la escuela pública, de las bajas pensiones o de las largas listas de espera para poder ser intervenido quirúrgicamente en los hospitales del Sistema Nacional de Salud no estuviesen relacionadas con la escasez de recursos. Pero el PP sabe muy bien que cuanto peor sea la atención que reciben los ciudadanos en los servicios públicos, mayor es el espacio que se abre para que la iniciativa privada consiga hacer negocio con los sectores de la población que tienen dinero suficiente para procurarse un servicio alternativo. Y eso es precisamente lo que está pasando en España, aunque los gobernantes de la derecha no tienen interés en que se hable de ello. Los profesores catalanes Calero y Costa han estimado que el gasto social privado ascendía, con datos correspondientes al año 1998, al 5,2 por ciento del PIB. Aunque tomando esas cifras en su conjunto seguimos situados en los últimos lugares del *ranking* de la UE, es muy significativo que los gastos privados en educación y en sanidad sean, en España, de los más elevados de todos los países europeos.

Si no se corrige la orientación de la política seguida en estos ocho años, lo que figuraba en el programa original del PP en materia de educación y sanidad, antes de que lo edulcorasen para atraerse al electorado de centro, podría acabar cumpliéndose en la práctica; pero en vez de hacerlo a cara descubierta, explicitando cuáles son sus verdaderas opciones ante la opinión pública, lo llevarían a cabo aprovechándose del profundo deterioro que ellos mismos, con su acción de gobierno, hubiesen provocado.

Todavía no se disponen de estudios similares a los que analizaron en detalle el impacto de las políticas sociales en el periodo socialista, gracias en particular al Programa sobre

«Igualdad y distribución de la renta y la riqueza» que patrocinó durante algunos años la Fundación Argentaria. Esos trabajos demostraron el efecto muy positivo que, desde el punto de vista de su capacidad redistributiva, tuvieron muchas de las reformas puestas en marcha por los gobiernos del PSOE. Ahora, los primeros indicios llevan a pensar que desde 1996 las desigualdades sociales han aumentado considerablemente, a pesar del fuerte ritmo de crecimiento y de la generación de empleo. Los sueldos de muchos trabajadores siguen siendo más bien bajos, y la horquilla salarial se abre paulatinamente, como se puede deducir del hecho de que el salario mínimo se aleje cada vez más del nivel medio de retribuciones. Los empleos temporales siguen siendo un tercio del total, y cada vez son más precarios. El sistema impositivo ha aumentado su regresividad. Las políticas de servicios sociales y de lucha contra la exclusión son muy endebles. Muchos inmigrantes se ven obligados a trabajar por debajo de los mínimos establecidos en la ley o en los convenios colectivos. La economía sumergida representa más del 20 por ciento del PIB español.

El mercado no lo resuelve todo, y desde luego no es el mejor instrumento para aportar soluciones equitativas desde el punto de vista social. A la fragilidad de nuestro modelo de crecimiento económico vienen a añadirse, por tanto, otros retos en este terreno, que requieren el diseño de nuevas políticas: la crisis del modelo tradicional de familia plantea la necesidad de adaptar el Estado de bienestar, desarrollando nuevos servicios sociales —su «cuarto pilar»— y reordenando sus prestaciones para hacer frente al proceso de envejecimiento de la población y a las nuevas desigualdades que surgen en la sociedad posindustrial; y los cambios en el modelo de sociedad, derivados entre otras causas de la afluencia de inmigrantes, demandan un nuevo equilibrio entre pluralismo e igualdad, que respete los valores y principios democráticos en los que se basa nuestra convivencia, y que tome en consideración el derecho de todo ser humano a llevar una vida digna, a recibir educación, protección social, asistencia sanitaria y otros servicios públicos, y a disfrutar de una igualdad de oportunidades coherente con su condición de ciudadano. Nada de esto ha sido contemplado en las prioridades estratégicas mantenidas por el Partido Popular en sus ocho años de gobierno. Lo cual es de lamentar, pues si España deja que se vayan degradando sus niveles de bienestar y de cohesión social, en vez de fijarse la meta de recuperar la distancia que aún nos separa de los países más avanzados, no sólo acabará siendo un país más injusto, sino también una sociedad insegura y temerosa del futuro.

CAPÍTULO VIII

Descolocados en el mundo

España vivió aislada del exterior durante todo el siglo XIX y los tres primeros cuartos del XX, lamiéndose las heridas provocadas por la pérdida de las colonias americanas. La gran potencia que llegó a dominar el mundo a comienzos de la Edad moderna cayó, a medida que su imperio se desvanecía, en un estado de postración y de pesimismo. Hasta bien avanzado el siglo pasado, buena parte de la sociedad española quedó sumida en un clima de introspección que le llevó a recelar de todo lo que provenía del otro lado de sus fronteras. La generación del 98 trató de huir de un presente triste y decadente buscando la esencia de España en Castilla, mientras se desarrollaban sendos movimientos nacionalistas en el País Vasco y en Cataluña. La derecha española trasladó esos sentimientos al plano político, optando por un patriotismo chauvinista y nostálgico. El franquismo hizo de la necesidad virtud, y reaccionó ante el rechazo que la dictadura generó en las democracias europeas considerando que todas las ideas e influencias importadas del exterior eran nocivas y ajenas a nuestra verdadera identidad, mezcla de casticismo y catolicismo.

Como respuesta a todas esas corrientes, los sectores liberales y progresistas de la sociedad española siempre han apostado por la apertura de las fronteras y la europeización de España como palanca sobre la que apoyar sus aspiraciones modernizadoras y democratizadoras. Por eso, casi la totalidad de los elegidos en las primeras elecciones libres —desde la derecha reformista procedente del régimen anterior hasta el PCE—

respaldaron a Adolfo Suárez para negociar una rápida inserción de España en Europa e incluir a nuestro país en todas las instancias internacionales de las que la dictadura había sido excluida. Sobre esa base, las fuerzas políticas de la Transición definieron los rasgos de la nueva política exterior. Europa representaba, por supuesto, el objetivo principal de todos los partidos, lo que se tradujo en un apoyo total a la integración de España en la Comunidad Europea. El punto en el que resultó difícil alcanzar un acuerdo fue el ingreso en la OTAN. Con el referéndum de 1986 se superó definitivamente esa discrepancia, aunque Alianza Popular y los nacionalistas no apoyaron el «sí» por intereses partidistas.

Cuando Aznar y su equipo se hicieron cargo, pocos años más tarde, del liderazgo de la derecha, sus planteamientos coincidían en lo sustancial con el consenso alcanzado previamente. No obstante, su política exterior presentaba algunos matices diferenciales. Como buenos herederos de la derecha conservadora, ponían énfasis en la necesidad de defender los intereses nacionales frente a los riesgos derivados, según ellos, de la apertura de fronteras y de la asunción de compromisos multilaterales por parte de España. Y en cuanto a la visión de las metas últimas de la integración europea, la mayoría de los dirigentes del Partido Popular —salvo los procedentes de la democracia cristiana— sentían una ambición europeísta más mitigada, e incluso algunos sintonizaban con el euroescepticismo de los conservadores británicos. De otra parte, aunque por razones diferentes a las de la oposición al franquismo, la mayoría de la derecha no se distinguía por sus convicciones atlantistas. En esos años, el PP fue definiendo poco a poco su posición, sobre todo a través de los discursos y manifestaciones públicas de Aznar, que hizo esfuerzos para superar su inexperiencia, multiplicando sus entrevistas y reuniones con otros líderes europeos del centro-derecha, afianzando la presencia del PP en el Partido Popular Europeo y visitando algunos países de América Latina.

En 1996, hacía diez años que España pertenecía a la Unión Europea. Europa era el lugar natural e indiscutible de nuestro encaje en el mundo, y los asuntos comunitarios constituían el objetivo más importante de nuestra acción exterior. El programa del PP lo reconocía así, aunque leyéndolo con cuidado desvelaba una cierta modulación de su vocación europeísta; por ejemplo, cuando advertía que nuestra pertenencia a un espacio supranacional no debía implicar la renuncia a desempeñar el papel protagonista que nos corresponde conforme a nuestra historia. Por supuesto, las declaraciones de principios iban siempre acompañadas de fuertes críticas a la gestión de los gobiernos socialistas, poniendo en cuestión el modo en que se habían negociado los términos y condiciones de nuestro ingreso en la UE, y también las posiciones adoptadas por los ministros en los Consejos comunitarios.

El simple hecho de tener que compartir las decisiones con el resto de los países miembros acababa siendo, en sí mismo, objeto de sospechas para el PP. Las transacciones que forman parte de la vida cotidiana de la Unión Europea las interpretaban como cesiones, con independencia de cuál fuese su naturaleza y su entidad. «Nuestros ciudadanos no entienden, con razón, en virtud de qué argumentos se han aceptado políticas claramente perjudiciales para algunos de nuestros sectores productivos», escribió Aznar en 1994, sin especificar a qué se estaba refiriendo en concreto, ni prestar atención a las ventajas que se obtenían a cambio. Pero lo que realmente no se entendía entonces —ni se entiende ahora— era la actitud del PP en relación con algunos de los mayores éxitos conseguidos por los gobiernos socialistas. Máximo exponente de aquella actitud hipercrítica fue una famosa frase de Aznar, censurando a Felipe González: «El Gobierno ha fracasado en la modernización de España, y se gasta lo que no tiene para ir luego como un pedigüeño por Europa». El escándalo que generó esa declaración fue mayúsculo. Cuando Aznar la formuló, el entonces presidente estaba sumido en una dura batalla, en pleno Consejo Europeo, para conseguir un incremento sustancial de los Fondos estructurales y de cohesión para España. Menos mal que la falta de apoyo de la oposición no fue tomada en consideración por los países que aceptaron financiar nuestras demandas.

Pese a las críticas, que como en este caso rayaban en la deslealtad, la herencia que recibió el PP en materia europea era difícilmente reprochable. Incluso durante los meses anteriores a su victoria electoral, el prestigio de España en Europa había crecido sensiblemente, gracias a los éxitos logrados durante el semestre de presidencia española del Consejo, que finalizó justo antes de abrirse la campaña electoral. Aquellos meses registraron una actividad trepidante, bajo el liderazgo de un Gobierno que, de fronteras hacia dentro, se sabía ya derrotado de antemano.

Decía que el programa electoral del PP asumió entonces, casi sin matices, los ejes principales de la política europea de sus antecesores. No obstante, se apartaba de ellos al menos en dos extremos. El primero tenía que ver con la lectura que se hacía del pasado inmediato. La derecha no pudo resistir la tentación de afirmar, en contra de toda evidencia, que ellos siempre habían apostado por el proyecto europeísta, mientras que el PSOE lo había despreciado al apostar por una política exterior tercermundista casi hasta la víspera del ingreso en la Comunidad Europea. ¡Cómo se podía deformar la realidad hasta ese punto! El segundo matiz afectaba a los criterios que se proponía mantener el Gobierno del PP cuando se debatiese la modificación de los mecanismos de toma de decisiones del Consejo de Ministros de la Unión, un asunto que ya estaba entonces sobre la mesa. Los populares mantenían posturas más rígidas que el Gobierno saliente, pues proponían alargar la lista de asuntos a decidir por unanimidad. Salvo estos indicios, no había nada en aquel programa que prefigurase las actitudes que hemos conocido más recientemente. El PP apoyaba la creación del euro y la integración en él de la peseta, se manifestaba partidario de una política exterior y de seguridad común, de establecer un pilar europeo dentro de la OTAN en torno a la UEO, del refuerzo de la cooperación policial y judicial, etcétera.

Del euro al euroescepticismo

Una vez en el Gobierno, Aznar puso especial esmero por aparecer como una persona conocedora e interesada por las cuestiones europeas. Su reto más inmediato era conseguir que la peseta se integrase en el euro, aunque en los primeros momentos su Gobierno sufrió algún despiste en torno al calendario previsto para poner en marcha la moneda única. España, como casi todos los demás países miembros, tenía dificultades para cumplir los famosos criterios de convergencia nominal fijados en el Tratado de Maastricht. En vista de lo cual, el nuevo ministro de Exteriores Abel Matutes declaró, nada más tomar posesión, que convenía «parar unos meses el reloj de la Unión Monetaria (...) para que algunos más podamos subirnos al carro». El vicepresidente económico Rodrigo Rato le respaldó, afirmando que la idea de parar el reloj era «realista». Los mercados sufrieron inmediatamente una fuerte convulsión, y ese mismo día Rato tuvo que desmentirse a sí mismo, afirmando la voluntad del Gobierno de cumplir con las fechas establecidas. En ese incidente se puso de manifiesto la lógica bisoñez del nuevo Ejecutivo, pero sobre todo la fragilidad de sus criterios ante un asunto crucial.

Poco a poco, el Gobierno fue tomando el pulso a la dinámica de las discusiones europeas. Durante las negociaciones del Tratado de Amsterdam, con el que la Unión Europea empezó a adaptarse a su futura ampliación, Aznar mantuvo una posición negociadora muy dura, y defendió sus posiciones de forma irreductible hasta el último momento. Su Gobierno empezó a ganarse a pulso, en el seno del Consejo, la imagen de rigidez que le ha acompañado hasta el final. Todavía apareció desorientado en la cumbre de Luxemburgo, a finales de 1997. Los «quince» decidieron en ella impulsar una estrategia de coordinación de sus políticas de empleo. Aznar midió mal sus fuerzas y estuvo en un tris de quedarse completamente aislado, en un asunto en el que nadie habría podido entender nuestra posición. Siendo España el país con la mayor tasa de paro, hubiese sido inexplicable votar en contra de las propuestas encaminadas a exigir que los «quince» asumiesen algunos compromisos para desarrollar políticas activas de empleo.

En el proceso de aprobación de las nuevas perspectivas financieras de la UE, válidas para el periodo 2000-2006, Aznar avanzó un paso más en su línea de negociador duro y resistente, y consiguió un buen acuerdo, que ha permitido que España continúe beneficiándose en estos años de unos cuantiosos Fondos estructurales y de cohesión. Junto a los recursos que recibimos en virtud de la política agraria común, ello nos permite contar con una financiación neta procedente de los presupuestos comunitarios equivalente al menos al 1 por ciento de nuestro PIB anual. A la vista de esos resultados, que el PP se ha encargado por supuesto de resaltar, Aznar frunce el ceño —aún más de lo normal— cuando se le recuerda que unos años antes él había llamado despectivamente «pedigüeño» a Felipe González por haber protagonizado una negociación similar. No es extraño que no le guste recordar aquella metedura de pata, porque sabe muy bien que si el Gobierno socialista no hubiese conseguido lo que consiguió, él no hubiese podido disfrutar de su momento de gloria.

La integración de la peseta en el euro se produjo en la fecha prevista. Junto con las monedas de otros diez países, nuestra divisa dejó de existir, y España se hizo, si cabe, aún más europea. El éxito de ese momento pertenece sin duda al gobierno Aznar. Fue durante su mandato cuando se acabaron de corregir los desequilibrios macroeconómicos y pudimos cumplir las condiciones fijadas en Maastricht. Pero el PP oculta que una parte decisiva del trayecto se despejó gracias a las políticas llevadas a cabo antes de 1996 y al empujón de los mercados financieros, bajando los tipos de interés. El éxito, sin embargo, no tuvo las consecuencias deseadas en la opinión pública, pues lo que sin exageración puede ser calificado como un momento histórico se tradujo en motivo de enfado para millones de españoles, que vieron como, a las dificultades derivadas de calcular el valor de los productos en euros, se unía el encarecimiento de muchos de ellos, derivado del redondeo de precios. Aún hoy, las encuestas muestran que el euro sigue siendo bastante impopular.

Poco antes de finalizar la primera legislatura del Gobierno del PP, la Unión Europea decidió avanzar en el llamado «tercer pilar», relativo a las cuestiones policiales y judiciales. Bajo presidencia finlandesa, y con el aplauso de España, se acordó crear el «espacio europeo de libertad, seguridad y justicia», lo que se prestaba muy bien a nuestro propósito de asociar a los demás Estados miembros en todo lo que signifique cooperación policial, pensando en las necesidades de la lucha contra el terrorismo. También nos convenía, desde otro punto de vista, que una mayor articulación de las actuaciones de control de las fronteras exteriores de la Unión sirviese para enfrentar los flujos de inmigración irregular, que por aquellos años empezaban a incrementarse rápidamente en nuestro país. Aznar se sintió muy satisfecho, con razón, de los resultados del Consejo de Tempere (Finlandia), en el otoño de 1999.

Pocos días después de que el PP obtuviese la mayoría absoluta en marzo de 2000 —con un programa electoral que no incorporaba variaciones significativas en los temas europeos— se celebró el Consejo Europeo de Lisboa, donde el Gobierno español tuvo un papel muy significativo. Junto a dos socialistas —el portugués Guterres y el británico Blair— Aznar fue el tercer protagonista de aquella cumbre, y no sólo por el hecho de llegar a ella con un gran triunfo a sus espaldas. Colaboró activamente en la preparación de la llamada «agenda de Lisboa», que fijaba un ambicioso programa de reformas estructurales que los «quince» se comprometían a impulsar en sus respectivos países, para insertar a la Unión Europea en la sociedad del conocimiento y convertir su economía en la más competitiva del mundo, en un periodo de diez años. El discurso europeo del PP se sentía muy representado en ese enfoque, más centrado en las políticas de reforma y de liberalización que en los avances de naturaleza estrictamente política preferidos por los federalistas. Tempere más Lisboa conformaban, para el desarrollo de la integración europea, un panorama estratégico muy atractivo a los ojos de los representantes de la derecha española.

El 11-S, sin embargo, alteró las prioridades. A partir de los atentados de Nueva York y Washington, la agenda de Lisboa cedió el protagonismo a otros asuntos, el más urgente de los cuales era, por supuesto, la lucha contra el terrorismo; mientras que la cumbre de Niza no consiguió resolver de modo adecuado los preparativos institucionales que la Unión estaba obligada a hacer antes de que se produjese la ampliación. Aznar decidió aprovechar esa coyuntura para avanzar por la senda que se había abierto en Tempere dos años antes. La aprobación de la orden europea de detención y la mejora de los mecanismos de coordinación entre los diferentes servicios policiales perseguían aumentar la eficacia de los Estados miembros para combatir a las redes internacionales como Al Qaeda; pero como es obvio, nos proporcionaba, de paso, una excelente oportunidad para reforzar la colaboración de toda Europa en la lucha contra ETA, que el Gobierno no dejó pasar de largo.

Al comenzar el año 2002, el turno de la presidencia semestral europea correspondió a España. Las expectativas creadas auguraban al Gobierno una gestión brillante de sus responsabilidades al frente de los «quince». Nuestras cifras macroeconómicas estaban siendo mejores que las de otros países de la UE y la política económica gozaba de buena imagen. Además, el peso de los conservadores en los gobiernos europeos había vuelto a aumentar, después de un periodo de fuerte hegemonía socialdemócrata, y la posición política interna de Aznar era muy favorable. De hecho, nada más iniciarse el semestre de la presidencia europea, el PP celebró un Congreso en el que Aznar, en loor de multitudes, anunció que no se volvería a presentar como candidato presidencial. Era su momento cumbre desde que en 1996 fue elegido presidente.

Pero por una serie de razones, esas excelentes perspectivas se acabaron traduciendo en unos resultados muy escasos. Las negociaciones de la Unión con los diez países aspirantes al ingreso no pudieron culminarse hasta el segundo semestre de ese año, y el principal objetivo de nuestra presidencia quedó truncado. Mientras ese horizonte no se clarificase, era difícil avanzar en otros terrenos como la política exterior y de seguridad común, que quedó frenada a pesar de la habilidad y de los esfuerzos de Javier Solana. La relación UE-EE UU empezaba a anunciar serias discrepancias tras la llegada de Bush a la Casa Blanca, cuya política dividió a los «quince», como se vio meses más tarde en la crisis de Irak. La situación en Oriente Medio, por su parte, no dejaba margen para que la Unión pudiese protagonizar labor mediadora alguna. Al final, una presidencia europea que algunos sectores del PP habían adelantado que sería un gran éxito, vendiendo la piel del oso antes de cazarlo, acabó sin pena ni gloria. En realidad, se limitó a asegurar un periodo de transición hasta que, en diciembre de ese mismo año, acabadas las negociaciones con los diez nuevos miembros, la presidencia belga logró que se aprobase la convocatoria de una Convención para elaborar el proyecto de la futura Constitución europea.

La representación española en la Convención hacía suponer que, en principio, nuestras pretensiones iban a encontrar un acomodo razonable. En el Presídium, su órgano permanente, éramos los únicos que teníamos dos representantes, ambos del PP. Ana Palacio, elegida personalmente por Aznar cuando aún era eurodiputada, representaba al Gobierno; e Íñigo Méndez de Vigo, también miembro del grupo popular, estaba designado por el Parlamento Europeo. Otros cinco españoles —tres socialistas y dos del PP— fueron miembros del plenario de la Convención. Pero en el debate celebrado al finalizar los trabajos de la Convención, la voz del Gobierno español marcó las mayores discrepancias de todos los participantes. El motivo era la fórmula prevista para la adopción de decisiones por mayoría cualificada en el Consejo. Aznar se aferró a lo pactado en Niza —cuyos acuerdos nos otorgaron mucha capacidad para bloquear decisiones— y, junto con Polonia, se dispuso a dar la batalla frente al resto de los Estados miembros en el seno de la Conferencia Intergubernamental que debía respaldar o modificar el texto de la Convención. Tal como estaban las cosas, se trataba de una dura prueba de fuego sobre la habilidad negociadora del Gobierno español y su capacidad para conseguir aliados.

No pudo ser. Hay división de opiniones sobre a quién deben imputarse las mayores responsabilidades por el fracaso de la Conferencia Intergubernamental, pero lo cierto es que España y Polonia no lograron ningún respaldo significativo para sus posiciones, y la UE va a tener que afrontar la mayor ampliación de todas las que ha acometido desde su fundación en muy malas condiciones: sin Constitución, y con una profunda división entre sus principales líderes. Desde muchos sectores, se apunta a José María Aznar como uno de los principales culpables de haber llegado a este callejón sin salida.

España se ha convertido, a los ojos de muchos de los países miembros de la Unión, en un socio incómodo y antipático. En pocos años, hemos pasado de estar colocados en la vanguardia del proceso de integración europea —junto a la Alemania de Kohl, la Francia de Mitterrand y la Comisión Europea presidida por Jacques Delors— a aparecer casi siempre en la retaguardia, poniendo pegas, pisando el freno y manteniendo actitudes negativas y nada constructivas. Los hechos no justifican para nada el vuelco dado por Aznar a la posición que tenía España en Europa hasta su llegada a La Moncloa. Desde 1986 —fecha de nuestro ingreso en la UE— hasta hoy, la apuesta a favor de los avances en la integración europea y nuestra presencia entre los países partidarios de impulsar ese proceso nos han aportado muchas más ventajas que inconvenientes. Entre las más significativas, la cooperación con Francia en la lucha contra ETA, que sigue rindiendo buenos frutos, y la financiación de los Fondos estructurales obtenida en su día gracias a la buena relación con Alemania.

¿Por qué nos hemos convertido de pronto en un país euroescéptico? ¿En qué análisis se ha basado el Gobierno del PP para concluir que nuestros intereses se defienden mejor poniendo trabas a la integración europea? ¿Qué ganamos con el cambio de política impulsado por Aznar? ¿Cuáles son sus riesgos? En ningún momento el Gobierno del PP ha respondido a esas preguntas, ni ha argumentado con rigor la elección de esa estrategia. De momento, nos hemos alejado del eje franco-alemán para situarnos cerca de Londres y, recientemente, de Varsovia. En este último caso, la mayoría de los observadores consideran que se trata de un aliado efímero, pues en cuanto se empiece a discutir —en este mismo año— el nuevo reparto de los Fondos estructurales que regirá a partir de 2006, nuestros respectivos intereses van a chocar.

Una extraña amistad con Blair

El caso de la amistad hispano-británica requiere algún comentario adicional. Las buenas relaciones entre los dos Gobiernos parecen obedecer a una especial sintonía personal entre Aznar y Blair. Ambos pertenecen a la misma generación, estuvieron un largo periodo en la oposición, y protagonizaron sendos procesos de modernización y renovación de sus partidos. También se aprecian algunas coincidencias en sus respectivos discursos políticos. Los dos se orientan hacia el centro del espectro: mientras que Blair aparece situado a la derecha de la socialdemocracia tradicional, Aznar pretende encarnar un «centro reformista» alejado de los planteamientos de los conservadores clásicos. Uno y otro se sienten identificados con el paquete liberalizador de la «agenda de Lisboa», mientras que miran con desconfianza a Bruselas. Y en política exterior, se sienten más próximos a Washington que los demás líderes europeos. Su atlantismo deriva de la posición geográfica de sus respectivos países, y de las especiales relaciones que les ligan con América: a ellos, con el norte, y a nosotros con el centro y el sur de ese continente. Por cierto, Aznar ha añadido últimamente otro argumento que es mucho más difícil de entender; según él, tanto Gran Bretaña como España fueron en el pasado potencias imperiales, y por ello conservan una visión global que les permite observar los actuales problemas del mundo desde una óptica diferente a la de algunos de sus socios europeos.

En todo caso, muchas de esas coincidencias no se sostienen en cuanto se profundiza algo el análisis. En sus políticas, Blair es mucho más coherente que Aznar; donde éste practica la retórica, los laboristas ingleses llevan a cabo auténticas reformas. En la educación, en la sanidad, en la distribución territorial del poder, en la reasignación del gasto público o en las políticas de igualdad, el elenco de medidas llevadas a cabo efectivamente por el Gobierno británico desde 1997 es muy superior al que puede mostrar el PP. Lo que aquí ha quedado reducido muchas veces simple propaganda, allí ha sido llevado a efecto. Y además, las reformas laboristas mantienen una clara orientación socialdemócrata, pues gracias a ellas se están reduciendo las enormes desigualdades creadas durante la época de Thatcher —mediante una política que Aznar aplaudió en su día— y se van consolidando unos servicios públicos universales modernizados y de calidad. Como se ha visto en un capítulo anterior, algo muy diferente a lo que ha hecho la derecha en España.

La proximidad a Gran Bretaña se hace aún más inexplicable al analizar nuestra nueva posición en el escenario europeo. El desplazamiento del PP hacia el euroescepticismo tradicional de los británicos contradice los deseos de la gran mayoría de los españoles, pero sobre todo choca con nuestros intereses. Además, Londres prescinde de nuestra compañía cada vez que le conviene, y aparece junto a Francia y Alemania al abordar los temas de defensa. O se desvincula de nosotros para alinearse con los contribuyentes netos al presupuesto comunitario en la pretensión de reducir sus aportaciones. O mantiene posturas opuestas a las nuestras en relación con la política agraria común. En los recientes debates sobre la futura Constitución europea, Blair no ha acompañado a Aznar en la defensa de los criterios de Niza frente a los de la Convención. En lo que se refiere a la relación con Estados Unidos, los vínculos de los británicos con su antigua colonia nada tienen que ver, obviamente, con los nuestros. Y a pesar de las declaraciones optimistas de ambas partes, Gibraltar sigue ahí. Hubo conversaciones, se dejó que creciesen algunas expectativas, pero el conflicto permanece bloqueado, en la misma situación que cuando el PP escribió en su programa electoral de 1996 que ese conflicto constituía «un obstáculo permanente en las relaciones hispano-británicas».

Al final, después de tantas sonrisas y tantas fotos en familia, el balance que ofrece la opción elegida por Aznar para sus alianzas europeas es más bien pobre. Mientras que cuando se analiza ese mismo balance desde el lado británico, se entiende mejor cuál es la política de su Gobierno. En los asuntos en los que Gran Bretaña se ha visto tradicionalmente aislada en Europa, es donde Blair sí ha querido contar con la compañía de Aznar. Por ejemplo, cada vez que los conservadores ingleses le han criticado en la Cámara de los Comunes, el primer ministro británico ha exhibido a su amigo español como muestra de que no toda la derecha europea mantenía posturas tan cerriles en relación con la Unión Europea como los *tories*. También le resultó útil la compañía de Aznar cuando viajó a las Azores, para firmar junto con Bush el inicio de la guerra de Irak. Pero esa lectura del balance no es, obviamente, la que nos interesa a los españoles. Porque no responde a nuestros intereses.

De nuevo, sometidos a Estados Unidos

El auténtico giro copernicano de nuestra política exterior desde 1996 en adelante se ha producido, de todos modos, en las relaciones con Estados Unidos. Si los cambios en que se ha visto envuelta nuestra política europea no tienen explicación, aún resulta más difícil trasladar a la opinión pública cuáles han podido ser las verdaderas razones que sustentan el cambio tan brusco de estrategia que ha protagonizado el Gobierno del PP en este caso.

En la oposición, el PP había apoyado al PSOE cuando el gobierno de Felipe González consiguió normalizar las relaciones con Washington, durante la segunda mitad de los años ochenta. Superado con éxito el referéndum de la OTAN, nuestros diplomáticos emprendieron, con Máximo Cajal al frente, un duro proceso negociador para reequilibrar la relación bilateral con Washington, en el que hubo que hacer frente a la pretensión norteamericana de conservar los privilegios que el franquismo les había otorgado. Por fin, en 1988 se firmó un Convenio bilateral de defensa satisfactorio para las dos partes, en el que España consiguió incluir todas las condiciones con las que se había acompañado el «sí» a la permanencia en la Alianza Atlántica: la desnuclearización del territorio español, la titularidad española de las Bases de utilización conjunta y la disminución de las tropas norteamericanas establecidas en nuestro país, que supuso su desalojo de la base de Torrejón.

A partir de ese momento, la relación con Estados Unidos mejoró de forma ostensible, en beneficio de ambas partes. En esos años tuvieron lugar hechos tan significativos como la participación española en los procesos de paz de Centroamérica, apoyada por los americanos, o la celebración en Madrid de la Conferencia de paz de Oriente Medio, pasando por nuestra participación en la primera guerra del Golfo, tras la invasión de Kuwait por parte de Sadam Husein. La elección de Clinton permitió una empatía aún mayor, hasta el punto de que, a iniciativa suya, Javier Solana, entonces ministro de Asuntos Exteriores de Felipe González, fue elegido Secretario General de la OTAN a finales de 1995. España se ganó a pulso el respeto del país más poderoso del mundo, sabiendo combinar una amistad leal con la defensa firme de sus propias posiciones.

El PP asumió la responsabilidad de desarrollar esta política desde el Gobierno, sin proponer cambios significativos. En el programa electoral de 1996, las alusiones a Estados Unidos eran muy livianas, y siempre insertas en el marco de la Unión Europea, de la OTAN o de nuestro interés común por

Latinoamérica. Durante la primera legislatura, tampoco se produjo ningún hecho que indicase un especial interés de Aznar o de sus ministros por reorientar la situación. Cuando el Gobierno decidió el envío de tropas españolas a Kosovo, en el marco de la OTAN, el PSOE apoyó al Gobierno, aunque criticó el respaldo del Ejecutivo a los bombardeos sobre Irak efectuados por Estados Unidos y Gran Bretaña. Esta posición, que incluyó la autorización para que los aviones en tránsito hacia la zona en conflicto utilizasen las bases españolas, fue el único motivo serio de discrepancia en la primera legislatura. Como prueba del continuismo existente en estos años, en el balance de la gestión del Gobierno en el periodo 1996-2000 publicado por el PP no se recogía ni una sola alusión a este aspecto de su política exterior.

El programa electoral de 2000 repitió las consabidas declaraciones de intención sobre la necesidad de desarrollar una política europea de seguridad y defensa, compatible con nuestros compromisos en el marco de la OTAN. Pero avanzaba alguna novedad. Al comentar la importancia de nuestra alianza defensiva con Washington y la conveniencia de desarrollar sus posibilidades, incluía por primera vez una mención al papel que en ese sentido podían representar «los vínculos culturales que nos unen con la comunidad hispana». En su discurso de investidura, Aznar dio un paso más y dijo que España debía estar dispuesta a «asumir mayores niveles de responsabilidades fuera de nuestras fronteras»; también habló de las mayores «oportunidades de proyección internacional» que nos correspondían «gracias a la dimensión cultural de una lengua común cada vez más hablada en el mundo», a la que otorgó una importancia determinante. Este tipo de razonamiento, aún incipiente, apuntaba ya los cambios que iban a tener lugar a continuación.

Coincidiendo con el traspaso de poderes en la Casa Blanca, España firmó con Estados Unidos en enero de 2001 una declaración conjunta, en la que se manifestaba la voluntad de ambos Gobiernos de extender la cooperación bilateral a una serie de áreas distintas a las de la defensa, que ya eran objeto del Convenio bilateral en vigor. La llegada de Bush al poder supuso un acicate más para profundizar en esa línea. Con motivo de la visita a España del nuevo presidente en junio de 2001, la primera que hacía a un país europeo desde su toma de posesión, se hizo público un nuevo comunicado conjunto, subrayando el refuerzo de los lazos mutuos que se estaba produciendo. Aquella visita se recordará, entre otras cosas, por la larga serie de inclinaciones de cabeza con la que el entonces ministro de Exteriores Josep Piqué recibió al mandatario norteamericano al pie de la escalerilla del *Air Force One*. España se había convertido en «el otro amigo europeo» de Estados Unidos, junto a los británicos. Pero todavía no se percibían bien las implicaciones de esa amistad reforzada.

Poco después de aquella visita, Aznar explicó las razones que, según él, avalaban el acercamiento a Washington. En el debate del estado de la nación de 2001, ligó el fortalecimiento de la alianza con Estados Unidos con nuestras especiales relaciones con América Latina, anunciando que esa relación estratégica tenía vocación de hacerse más intensa, entre otras razones «porque España ha cambiado por su peso económico y sus nuevas responsabilidades y porque los Estados Unidos también están cambiando: dentro de poco contarán con más hispanohablantes que nuestro propio país». Las cosas se iban aclarando. España estaba llamada, según Aznar, a desempeñar un papel más relevante por sí misma —y por lo tanto, al margen de nuestra pertenencia a la Unión Europea—, y ese papel se vinculaba a nuestra relación con Estados Unidos, donde el crecimiento de los hispanohablantes nos abría, a los ojos del jefe del Ejecutivo, un espacio inexplorado hasta entonces.

El 11-S añadió otro argumento en la misma dirección: ahora el objetivo prioritario era la lucha contra el terrorismo, y en ese campo España sabía lo que había que hacer y con quién había que estar; no en vano sufríamos esa lacra desde hacía treinta años. Bin Laden nos acercaba a Bush y a su «guerra contra el terrorismo». La diplomacia española trató desde el primer momento de que las siglas de ETA y de sus organizaciones satélites estuviesen incluidas en las listas que se empezaron a elaborar por parte de la comunidad internacional, para combatir a las organizaciones terroristas globales con energías renovadas. Cabe dentro de lo posible que, como consecuencia de esas actuaciones, nuestras fuerzas de seguridad hayan obtenido información útil para combatir a los etarras.

Pero el exceso de celo del Gobierno por borrar cualquier línea divisoria entre el terrorismo internacional de organizaciones como Al Qaeda y ETA, le lleva a incurrir en unas cuantas incoherencias. De una parte, no parece que los métodos para combatir a unos y a otros puedan asimilarse. Operaciones como las llevadas a cabo en Afganistán para derrocar al régimen talibán, o para acosar a Bin Laden bombardeando una cadena de montañas, tienen poco que ver con la manera de perseguir a los comandos etarras en Guipúzcoa o en el sur de Francia. Es obvio que cuando hablamos del terrorismo internacional, de sus redes de apoyo y de sus formas de actuar nos referimos a un fenómeno de características muy distintas a las de ETA, desde muchos puntos de vista. Diferencias que también son patentes cuando analizamos las causas que subyacen en uno y otro tipo de actuaciones criminales. Aznar declaró una vez que en el combate contra el terrorismo no hay que detenerse en sus causas, sino que basta con enfrentarse a sus consecuencias. Pero se equivoca. Al analizar esas causas —que se deben investigar, aunque nunca justifiquen el uso de la violencia— las diferencias que se observan son abismales. En nada se parecen las motivaciones que pueden llevar a un iraquí a oponerse a los ocupantes de su país, o a un palestino a inmolarse estrellando su coche contra un restaurante de Haifa lleno de familias israelíes, a las de un miembro de ETA que asesina a un concejal del PP o del PSE.

De cualquier modo, en ninguno de esos supuestos es admisible la doctrina de la «guerra preventiva» o «guerra anticipatoria», que la administración Bush hizo pública, enmarcada en su Estrategia Nacional de Seguridad, en el otoño de 2002, cuando ya se barajaba en Washington la necesidad de atacar Irak. Para los defensores de esa doctrina, frente a las principales amenazas que recaen sobre nuestra seguridad colectiva —el terrorismo internacional, la proliferación de armas de destrucción masiva y la existencia de Estados fallidos, incapaces de asegurar el mantenimiento del orden en su territorio— no siempre es posible actuar conforme a la Carta de Naciones Unidas. Ésta establece que el uso de la fuerza solamente está justificado cuando así lo acuerde el Consejo de Seguridad o en los supuestos de legítima defensa; pero la imprevisibilidad de las nuevas amenazas es tal que debe recurrirse en algunos casos a una respuesta «anticipatoria». Es decir que, según Bush, se puede atacar antes de ser atacado, sin esperar a que la amenaza sea evidente e inminente.

España en guerra: el error de Irak

Aznar abrazó inmediatamente las tesis de Bush. No sólo ignoró los principios estratégicos para la defensa de España que acababan de ser aprobados en el Congreso de los Diputados con el consenso de la oposición, sino que con su actitud en la crisis de Irak ha llevado a España a posiciones radicalmente enfrentadas a la legalidad internacional. Lo cual es mucho más grave. El Gobierno del PP ha actuado de forma absurda e irresponsable, dividiendo a la Unión Europea y contradiciendo la opinión amplísimamente mayoritaria de los ciudadanos. Para sembrar la confusión, Aznar ha intentado vender que la nueva estrategia europea de seguridad —el llamado «documento Solana»— ampara la política seguida por el Gobierno del PP, lo cual es falso. Esta estrategia, que supone un importante paso adelante de la UE, contempla obviamente la necesidad de prevenir los conflictos y las amenazas que se ciernen sobre nosotros, pero propone hacerlo a través de un conjunto de medidas e instrumentos de naturaleza preferentemente política; y frente al unilateralismo defendido por los neoconservadores que proliferan en la administración Bush, reclama la existencia de un «multilateralismo eficaz». Es decir, la UE está proponiendo lo contrario de lo que ha decidido el presidente norteamericano, con el respaldo del Gobierno español.

¿Cuáles han sido los verdaderos motivos por los que Aznar ha embarcado a España en esa aventura? A lo largo del tiempo, los argumentos empleados han ido variando. El principal de ellos fue el compromiso obligado de nuestro país en la lucha contra el terrorismo. De ahí la insistencia en querernos hacer ver que Sadam Husein y Al Qaeda tenían vinculaciones estrechas entre ellos. Como éstas no han sido probadas —más bien parecen inexistentes—, el propio régimen iraquí fue asimilado con una banda terrorista, dada su política de fabricación y almacenamiento de armas de destrucción masiva. Pero por muy contundente que sea la condena que merecen los horrendos crímenes cometidos por el régimen de Sadam durante más de veinte años, no queda más remedio que reconocer que esas armas no han aparecido, ni es probable que aparezcan. La tercera línea de argumentación —fracasadas las dos anteriores— ha pretendido justificar la guerra de Irak como un paso necesario para derrocar al tirano y establecer en ese país una democracia. Pero ya sabemos que es más fácil derribar la estatua de Sadam, e incluso detenerlo en las afueras de su ciudad natal, que estabilizar la situación y levantar sobre las ruinas de ese país un régimen democrático y un sistema de libertades.

El mundo es hoy más inseguro que antes de la guerra de Irak, y ninguno de los argumentos con los que Bush, Aznar y Blair decidieron bombardear ese país, dando la espalda a la legalidad internacional, se ha revelado cierto. Las razones alegadas para desencadenarla han quedado en evidencia, y los beneficios esperados como consecuencia del cambio de régimen no se ven por ningún lado. No se vislumbra en estos momentos cuándo podrá trasladarse la responsabilidad de dirigir el país a los propios iraquíes, ni como puede garantizarse una mínima seguridad ciudadana como paso previo a la convocatoria de una elecciones libres. Por supuesto, la esperanza de que el modelo iraquí sirva como referente para propagar los valores democráticos en Oriente Medio y servir de acicate a una solución pacífica del conflicto israelo-palestino, se ha desvanecido por mucho tiempo. La situación en la zona ha empeorado aún más, y el riesgo de que se acabe cumpliendo la negra profecía del «choque de civilizaciones» es mayor ahora que antes.

En vez de ir a las Azores a escenificar el inicio de una guerra injusta, ilegal e ineficaz, más les hubiese valido a sus convocantes meditar, cuando aún no era demasiado tarde, sobre las consecuencias de su acción. Para lo cual podrían haberse apoyado en unos párrafos de las *Memorias* escritas por el ex presidente George Bush, en los que éste explica por qué decidió no invadir Irak durante la primera guerra del Golfo, en 1991. Dice el padre del actual presidente norteamericano: «Intentar eliminar a Sadam (...) habría supuesto costes humanos y políticos incalculables. (...) Hubiésemos estado obligados a ocupar Bagdad y gobernar Irak (...) sin una estrategia viable de salida (...) Ocupando Irak, y por lo tanto excediéndonos del mandato de Naciones Unidas, habríamos destruido el principio de responder a una agresión (...) De haber llevado a cabo entonces la invasión, Estados Unidos estaría aún hoy ocupando el poder en una tierra hostil». Pues bien, todo lo que Bush padre temía que hubiese sucedido, sucedió. E incomprensiblemente, España ha participado en esa triste y desgraciada operación. Aznar ha sometido los intereses de España a los de Estados Unidos, sin que uno solo de los motivos empleados para justificarlo se tenga en pie. Frente a sus afirmaciones de que era necesario optar entre Bush y Sadam, lo correcto era negar esa disyuntiva, y apoyar la acción de los inspectores de Naciones Unidas.

La forma más eficaz de luchar contra las redes del terrorismo global no pasa por la violación descarada de la legalidad internacional, ni por la estrategia de la «guerra anticipatoria» que solamente puede exacerbar aún más los ánimos, creando un caldo de cultivo propicio para que tengan éxito las posiciones más radicalizadas. Ni siquiera es correcto hablar de una «guerra» contra el terrorismo, desde el momento en que muchos de los instrumentos que hay que utilizar para combatirlo no son de índole militar, en contra de lo que sostienen los norteamericanos. No es verdad que todas las muertes violentas que se están produciendo en Irak desde el final de la guerra propiamente dicha respondan a actividades terroristas. Terrorismo es, desde luego, lanzar un coche bomba contra la sede de Naciones Unidas en Bagdad, o asesinar fríamente a los chiitas que asisten a un servicio religioso en su mezquita. Pero es muy discutible que lo sean muchas de las acciones de resistencia de sectores de la población frente al ejército que ha ocupado su país de forma ilegal.

A partir de la guerra de Irak, la política exterior de España ha quedado seriamente hipotecada. España necesita recuperar cuanto antes el lugar que le corresponde en la Unión Europea y en la comunidad internacional. Un lugar acorde con el respeto a la legalidad internacional y la búsqueda de un orden mundial justo. En ese escenario tiene perfecta cabida el mantenimiento de una relación de amistad con Estados Unidos, fundada sobre el respeto mutuo y la defensa de los valores y principios que compartimos en tanto que países democráticos, pero hay que abandonar cuanto antes la posición sumisa en la que Aznar nos ha colocado respecto de los dictados de la Casa Blanca, a cambio de recibir en su hombro las palmadas de Bush. La mejor manera de defender nuestros intereses en Washington es hacerlo en compañía del resto de la UE, trabajando para que ésta se dote de una política exterior y de seguridad coherente con su peso económico y comercial y definida de acuerdo con las prioridades que se derivan de nuestra situación geográfica y de los desafíos que hemos de enfrentar en los próximos años.

América Latina, lazos culturales e intereses económicos

La apuesta por el fortalecimiento de una relación transatlántica EE UU-UE como envolvente de nuestra relación bilateral con Washington es compatible, no obstante, con el diseño de un conjunto de actuaciones dirigidas a reforzar nuestros vínculos con la comunidad hispana en Estados Unidos. La importancia creciente de esa comunidad ofrece, efectivamente, una magnífica oportunidad para que, a través de nuestra cultura compartida, se establezca un puente entre ambos lados del Atlántico Norte que complemente y enriquezca el que ya existe entre España y América Latina. Pero no hay que equivocarse en el enfoque de una operación tan delicada. Porque en vez de seguir comportándonos como lo ha hecho el Gobierno del PP, vale más no perder de vista que, a los ojos de muchos de esos millones de hispanohablantes, determinadas actitudes recuerdan a las de la antigua metrópoli colonial, de la que se independizaron hace casi doscientos años.

Las relaciones con América Latina evolucionaron muy positivamente durante las dos últimas décadas, coincidiendo con los procesos de democratización que, poco después de iniciarse la Transición en España, se extendieron a lo largo de todo ese continente. Cuba fue la excepción que confirmaba la regla de la desaparición de los regímenes militares y autoritarios en aquellos países. Y la emergencia de sistemas y de líderes políticos democráticos ha servido para crear vínculos más profundos, asentados sobre la nueva realidad política, más que sobre las nostalgias del pasado. A partir de ese momento, empezamos a establecer con todos esos países las bases de una cooperación más fructífera. Nuestro ingreso en la UE no produjo el temido alejamiento del interés español por lo que sucedía en la región, sino que más bien hemos tratado de sensibilizar a los europeos de los problemas de América Latina, obteniendo a veces resultados positivos, como en el caso de los acuerdos de cooperación ya firmados por la Unión Europea con Chile y México.

No obstante, quienes más han contribuido a cambiar la naturaleza y entidad de nuestras relaciones con Latinoamérica han sido, probablemente, las grandes empresas españolas que han invertido fuertes sumas de dinero en esos países, aprovechando los procesos de privatización de los servicios públicos y la libertad de movimientos de capitales. Hoy España es el segundo inversor extranjero en el continente latinoamericano, lo que hace que nuestros intereses y los de cada uno de esos países estén más entrelazados que nunca. Pero esa moneda tienen dos caras. A través de la presencia de lo que un periódico anglosajón denominó «los nuevos colonizadores», la imagen de España en ese continente adquiere una nueva dimensión, en ocasiones problemática. Nos lo recuerdan algunas de las tensiones habidas en Chile, en Perú, en Argentina o en otros países, como consecuencia de la actividad de esas empresas, para cuya superación ha habido que recurrir a las instancias políticas. La diplomacia y los intereses económicos convergen. España ya no sólo es, a los ojos de los latinoamericanos, la «madre patria» o la antigua potencia colonial. Ya no nos ven exclusivamente como un país con el que comparten lazos históricos, culturales e incluso familiares. Seguimos siendo todo eso —que no es poco— y además somos un importantísimo inversor, del que dependen buena parte de los servicios públicos que reciben sus ciudadanos, y un factor importante para su desarrollo, a través de la aportación de los capitales que no son capaces de generar con sus propios recursos.

La política latinoamericana del Gobierno del PP no siempre ha estado a la altura de este reto. El lenguaje y las actitudes de Aznar y de sus ministros en relación con América Latina han caído muchas veces en la altanería. La visita de Aznar al presidente mexicano Vicente Fox, para presionarle a favor de las tesis de Estados Unidos en torno a la guerra de Irak, fue un ejemplo de lo que no debe suceder. Las Cumbres Iberoamericanas que se vienen reuniendo anualmente desde 1991 han ido perdiendo fuerza e impulso en los últimos años, faltas de una agenda útil para las principales necesidades y preocupaciones de los latinoamericanos. Una de éstas es, sin duda, la escasa apertura comercial que la Unión Europea ofrece a sus exportaciones. España no ha querido, o no ha sabido, hacer valer esa reivindicación en Bruselas, convirtiéndose en abogado de unos países cuyos éxitos económicos van a nutrir una parte nada desdeñable de las cuentas de resultados de nuestras principales empresas. Más recientemente, el alineamiento del Gobierno español con el de Estados Unidos ha creado desconcierto en muchos de esos países, que conocen bien en sus propias carnes las consecuencias de las políticas decididas desde Washington y la manera en que desde la Casa Blanca se acostumbra a tratar a lo que un presidente norteamericano llamó «su patio trasero».

LOS PROBLEMAS QUE VIENEN DEL SUR

El Gobierno del PP tampoco ha cosechado muchos éxitos en su política respecto del Magreb y de los demás países mediterráneos. Por supuesto, en todas sus declaraciones ha reiterado que ambas zonas cuentan entre las principales prioridades de su acción exterior, pero la realidad es mucho más pobre. Las relaciones con el conjunto de los países de la ribera sur de la cuenca mediterránea han atravesado por una serie de dificultades a lo largo de estos últimos años, aunque en este caso la responsabilidad de las mismas no debe ser imputadas al Gobierno español más que en la debida proporción. El motivo principal por el que se han evaporado las ilusiones creadas por la Declaración de Barcelona —aprobada en 1995 para impulsar la cooperación entre la UE y esos países— no es otro que el agravamiento de la situación en el Oriente Medio. Mientras que Europa no tenga capacidad para desempeñar un papel mediador eficaz entre Israel y Palestina, todos los intentos de desarrollar una estrategia de cooperación en el conjunto de una región que es vital para nuestra seguridad quedarán al albur de lo que otros decidan. El papel protagonista representado por España como anfitrión de la Conferencia de Paz de Madrid en 1991, y la propia aprobación de la Declaración de Barcelona durante la presidencia española de la UE, fueron posibles por el clima que se había generado a raíz de los acuerdos de Oslo. En cuanto el proceso de paz volvió a torcerse, los puentes entre Europa y el sur del Mediterráneo quedaron afectados.

La posición del Gobierno del PP en torno a la guerra de Irak también ha añadido algunos obstáculos a nuestra relación con ese grupo de países, ya de por sí difícil. Pese a todo, éstas han mejorado con algunos de ellos. Aznar ha cultivado las relaciones con el presidente argelino Buteflika, e incluso con los líderes de Túnez y de Libia, cediendo a la tentación de ensayar una política de premios y castigos con los países de una región con la que nos interesa desarrollar una política global y consistente. Los principales riesgos para la seguridad de nuestro país proceden de ese flanco sur, al que vendemos más bienes y servicios que al conjunto de América Latina —excluido México—, de los que recibimos una parte importante de nuestros aprovisionamientos energéticos y de nuestros flujos migratorios, y con quien mantenemos un contencioso territorial.

Nuestro principal interlocutor en la zona es, por muchas razones, Marruecos. Y lo menos que puede decirse es que Aznar no ha acertado en el enfoque con el que abordó su política respecto de los vecinos del sur. Las cosas se han complicado a raíz del ascenso al trono de Mohamed VI. El nuevo rey decidió, en un momento determinado, la retirada de su embajador en Madrid, y poco después envió a unos soldados a acampar en el islote Perejil, provocando un serio incidente que acabó con su expulsión por la fuerza, tras el empleo de unos helicópteros del ejército español que les disuadieron de su acción. En el trasfondo de esos incidentes, aparecen los tradicionales puntos de fricción entre nuestros dos países —Ceuta y Melilla, el Sáhara, la pesca—, a los que se ha añadido en los últimos años el de la inmigración. Y en ninguno de ellos se ha producido una aproximación de posiciones. Ha habido que esperar hasta diciembre de 2003 para conseguir, al menos, la firma de un acuerdo sobre un tema parcial pero sensible: la repatriación de los niños marroquíes que entran de manera irregular en territorio español.

Tampoco en este caso recaen sobre las espaldas del Gobierno español todas las culpas por el empeoramiento de las relaciones con Rabat. Las autoridades marroquíes suelen azuzar las tensiones con España cuando quieren desviar la atención sobre sus problemas internos, y algo de eso puede haber en el origen de algunos conflictos surgidos en estos años. Pero también existen carencias en la política seguida por nuestro Gobierno. Los problemas creados por los flujos migratorios irregulares —de los que las pateras son una imagen lacerante— han sido abordados con desdén, usando los ministros en ocasiones un tono insultante en relación con sus interlocutores del otro lado del Estrecho. En el sector de la pesca, se desaprovecharon varios años, desde la firma del anterior Convenio, sin negociar el establecimiento de un marco de cooperación que le hubiese permitido a Marruecos obtener contrapartidas a cambio de la explotación de sus recursos marinos. Y en el caso del Sáhara, Francia y algunos otros países europeos se han identificado con la postura marroquí, con lo que la posición española —condicionada por nuestros vínculos con los saharauis— es vista por nuestros vecinos como demasiado rígida e inamistosa.

UN PAÍS MENOS FIABLE

El giro que Aznar ha dado a la política exterior hace que España haya dejado de ocupar el papel que le corresponde en el mundo. Desde la llegada de la democracia, y con cualquiera de los gobiernos anteriores a la llegada del PP, nuestro país siempre había defendido la paz, los derechos humanos y la legalidad internacional. En el marco de Naciones Unidas, de la OTAN o de la Unión Europea, nuestra acción exterior había apoyado la prevención de conflictos a través de la acción diplomática y del respeto a la Carta de Naciones Unidas; en las contadas veces que participamos en misiones bélicas —como en los Balcanes— lo hicimos bajo el respaldo de la ONU o de la OTAN. En las demás ocasiones en que las tropas salieron fuera de nuestras fronteras, se trataba de misiones de paz. Pero la decisión de implicar a España en la guerra de Irak ha quebrado esas pautas anteriores, nos ha llevado a incumplir resoluciones del Consejo de Seguridad y a participar directamente en una acción ilegal, además de injusta.

Los intereses generales de España sufren por ello. Nuestro peso en la Unión Europea no es ahora mayor, sino menor que hace ocho años. Estábamos en el núcleo central del proyecto de integración, y ahora nos hemos quedado en su periferia. Las relaciones con los países del sur del Mediterráneo y con América Latina podrían verse seriamente afectadas por nuestra nueva actitud de sumisión a los dictados procedentes de Washington. Hemos sacrificado nuestro compromiso con principios y valores esenciales, sin que se vean cuáles son las poderosas razones que han llevado al Gobierno a optar por un cambio estratégico de tanto calado.

Porque Europa sigue siendo el ámbito en que mejor podemos desarrollar nuestro modelo de sociedad; allí vamos a encontrar los impulsos y la colaboración necesarios para fortalecer y hacer más competitiva a nuestra economía; y es el único espacio capaz de dar estabilidad y proyectar hacia el futuro nuestra democracia y nuestro sistema de libertades. Por eso, la opción de Aznar por abrazarse a Bush, y el escepticismo y las reticencias del PP hacia lo que Europa significa y hacia sus aspiraciones, no tienen ningún sentido. A los españoles nos interesa tanto o más que al resto de los europeos que la Unión avance y profundice su integración: hacia dentro, desarrollando su modelo de sociedad y su concepción de la democracia; y hacia fuera, desempeñando un papel cada vez más relevante en el mundo.

Cuanto antes recuperemos el rumbo, y nuestro lugar en Europa, mejor para todos. Aunque los vaivenes en política exterior siempre tienen su coste. Y España se ha convertido, en estos últimos años, en un socio menos fiable para muchos de nuestros socios europeos. Antipático, y poco fiable.

Capítulo IX

La «Cuarta Vía» y el mal estilo político

El Partido Popular aprendió a hacer oposición encaramado en la cresta de una ola de crispación. Cuando aún mantenían las siglas de AP tenían enfrente a un PSOE muy fuerte, que conservaba una porción importante del capital político recibido en 1982. Durante dos legislaturas, los esfuerzos de los conservadores por acortar distancias respecto de los socialistas tuvieron muy poco éxito. Sus líderes ensayaron diversas fórmulas para ganar espacio electoral, pero hasta 1989 no lograron despegar del «suelo de Fraga». El cambio generacional, con Aznar al frente, y el diseño de una imagen remozada que incluyó el cambio de nombre del partido, marcaron el comienzo de una nueva fase. Los populares comenzaron a absorber progresivamente los restos de la UCD, estuviesen o no integrados en el CDS de Suárez, y tendieron lazos a los regionalismos que habían florecido en algunas autonomías, al calor de la fragilidad de AP. Por supuesto, a lo largo de todo ese trayecto los populares proclamaron su voluntad de conquistar el centro del espectro político; en eso no innovaban el discurso que Fraga venía haciendo desde los años setenta.

Pero los principales dirigentes del «nuevo» PP no habían participado en la Transición, ni compartían su espíritu de diálogo, tolerancia y aprecio por el consenso. Su cultura política era muy distinta, lo que enseguida se puso de manifiesto. Los deméritos de sus adversarios políticos —y en especial, el creciente desgaste de un PSOE agobiado por los escándalos— les proporcionaron la palanca que necesitaban para justificar la elección de la crispación como su principal herramienta para ganar votos. La opción no era muy coherente con el deseo de centrar su imagen política pero demostró su eficacia.

La vida política se fue tensando. La legislatura 1993-1996 será recordada siempre por el clima detestable en que se desarrollaron sus debates. Los máximos representantes del PP argumentaban que su triunfo electoral serviría para calmar las aguas. En cuanto ganasen las elecciones —decían— todo sería distinto. Por si acaso, los votantes no les dieron la mayoría absoluta, lo que ayudó a que el aterrizaje en el poder de los «jóvenes turcos» de la derecha fuese en general suave. Pero eso no fue así en todos los casos.

En su primer debate del estado de la nación, el presidente del Gobierno intentó convencer de que ya nada era igual que antes. «El cambio político de marzo de 1996 expresó, con elocuencia suficiente, la voluntad de cancelar una etapa, con todas las perturbaciones que caracterizaron su final, y de abrir otra», dijo en su intervención inicial. Por supuesto, Aznar añadió que, de ahora en adelante, el clima político estaría alejado de las tensiones que él mismo había azuzado hasta entonces: «He cumplido mi aspiración y mi propósito de no proyectar sobre el cuerpo social, y de no revivir en el debate político, los antagonismos y las tensiones derivados de aquellas circunstancias, que se produjeron en un pasado que se aleja de nosotros». A partir de ese momento, cualquier subida de tono habría que imputarla, según el nuevo presidente, a quienes querían enturbiar —¿con qué objeto?— el magnífico clima político que se había extendido por todo el país desde su llegada a La Moncloa.

Pero el gobierno Aznar no resistió la tentación de seguir profundizando el enfrentamiento con el PSOE; muy en especial con Felipe González y con las autonomías socialistas, empezando por Andalucía. La tensión entre la mayoría y la minoría parlamentarias seguía registrando niveles anormalmente altos. Y ese mismo tono desabrido y amenazante se extendió sobre los sectores de la sociedad civil —ya me he referido al caso de algunos grupos privados de medios de comunicación— que optaron por defender celosamente su independencia. El discurso oficial iba por un lado, pero la acción del nuevo Ejecutivo seguía dando martillazos en los mismos clavos que el PP había golpeado tenazmente antes de su victoria electoral.

No obstante, el PP necesitaba afianzar y ampliar su espacio político hacia el centro, así que tenía que labrarse una buena reputación de moderación y capacidad de diálogo. Descartado a esos efectos el principal partido de la oposición, buscaron quienes podían ser sus interlocutores. Además de los partidos nacionalistas, con los que ya contaban al ser sus socios parlamentarios, sus miradas se dirigieron hacia algunos gobernantes extranjeros como Tony Blair, y hacia los interlocutores sociales. Unos y otros debían ayudarles a conseguir acuñar la imagen que buscaban. Y durante la primera legislatura, no les fue mal en el empeño.

Pero la mayoría absoluta de marzo de 2000 acabó llevándose por delante los buenos deseos y las imágenes edulcoradas que el PP se había procurado en la primera legislatura, a pesar de sus contradicciones. A partir de entonces, Aznar y el PP han acentuado su carácter agrio y su instinto consistente en descalificar cualquier atisbo de discrepancia, que han aplicado en todas las direcciones. La costumbre del Partido Popular de deslegitimar a quienes no se avienen a darles la razón ha ido en aumento, hasta alcanzar proporciones enfermizas. La crispación domina otra vez el clima político. Con su manera de comportarse y sus abusos de poder, los populares han acabado por abrir demasiadas compuertas, por las que empiezan a escaparse los logros en materia de convivencia política y de respeto al pluralismo acumulados durante los últimos veinticinco años.

Antes de que la derecha llegase al Gobierno, la izquierda advertía del riesgo de que sus actuaciones provocasen graves retrocesos en las políticas de igualdad o en la universalización de los derechos a la educación, a la protección de la salud y a unas condiciones de trabajo dignas. Ocho años después, esos retrocesos se han producido, sin duda; pero en general, puede decirse que en esos ámbitos no se ha llegado a producir un paso atrás de carácter irreversible. Las políticas conservadoras han sido negativas, pero no letales. Sin embargo, su estilo de gobierno, y sus formas de hacer política, han afectado muy negativamente a nuestra vida pública y a las actitudes predominantes en la sociedad española. En ambos casos, el retroceso es muy serio. Justo al conmemorar el veinticinco aniversario de la Constitución, crece la sensación de que las virtudes que convirtieron a nuestra Transición en un ejemplo se van convirtiendo en bienes escasos. El clima es cada vez más bronco; y los portavoces populares, ministros incluidos, son quienes encienden los ánimos. El diálogo entre los partidos políticos se ha hecho más difícil, y es el PP quien más ha contribuido a ello. Sin duda, la manera en que logramos consolidar nuestra democracia, a finales de los años setenta y primeros ochenta, sigue siendo un referente en el exterior. El consenso constitucional, los Pactos de la Moncloa, la puesta en marcha del Estado de las autonomías o la concertación social entre sindicatos y empresarios son objeto de estudio minucioso en muchos de los nuevos miembros de la Unión Europea, y por supuesto en América Latina. Pero cada vez son más los españoles que ven con profunda insatisfacción la situación actual de nuestra democracia; y menos los extranjeros que nos contemplan con envidia.

Consenso, ¡no!

El primer rasgo característico del mal estilo político del PP es su desprecio por el consenso. Durante sus ocho años de mandato, ha faltado diálogo y ha sobrado prepotencia por su parte. En la última participación de Aznar en el Congreso como presidente del Gobierno, todos los portavoces de la oposición parlamentaria se lo echaron en cara. La mayoría absoluta en el Congreso, unida al control abusivo de los medios de comunicación públicos y de gran parte de los privados, ha restringido el espacio para el debate político hasta límites incompatibles para el normal desenvolvimiento del pluralismo político. Ya me he referido a la grave situación por la que atraviesa el Parlamento; pero hay otros casos similares. La relación del gobierno Aznar con el Gobierno vasco ni siquiera ha mantenido en los últimos tiempos —si se exceptúa la negociación del Concierto económico— el nivel mínimo requerido por la cortesía institucional para con un Gobierno legítimo. Los primeros pasos dados desde el Ejecutivo respecto del nuevo Gobierno de la Generalitat también transmiten pésimos augurios. Las demás autonomías no gobernadas por el PP saben, a su vez, la inquina con la que han sido tratados sus Gobiernos y la ignorancia hacia sus problemas, por el simple hecho de que los votantes han preferido apoyar otras opciones políticas. El único acuerdo que ha sobrevivido a duras penas al deterioro constante de los cauces de diálogo entre el Gobierno y quienes no son de los suyos, ha sido el Pacto por las Libertades y contra el Terrorismo; aunque ha estado sometido día tras día a una dura prueba, por la interpretación sesgada y sectaria que han hecho los populares de sus preceptos.

Por supuesto, en las declaraciones de intención de los líderes del PP, la palabra «diálogo» ha figurado en un lugar preponderante. Pero salvo en los casos en los que sirve a sus conveniencias particulares, siempre encuentran alguna razón para no practicar lo que aseguran que es una de sus pasiones. Lo dejaba ver Aznar con bastante claridad cuando, refiriéndose a sus relaciones con el PSOE, dijo: «Me parece muy importante que haya un diálogo intenso entre el Gobierno y el principal partido de la oposición, especialmente sobre políticas de Estado, pero a veces las estrategias a corto plazo lo dificultan». Se debía estar refiriendo a las dificultades que comporta su particular estrategia, consistente en no dialogar abierta y francamente con nadie. Porque de otro modo no se ve cuáles podrían ser las razones por las que su Gobierno no ha atendido las múltiples ofertas de diálogo de Rodríguez Zapatero sobre inmigración. O las que han llevado al ministro de Justicia a incumplir de manera reiterada y flagrante el pacto que había firmado con los socialistas. O la negativa frontal a celebrar el debate sobre el estado de las autonomías que el reglamento del Senado establece que debe tener lugar anualmente. O el motivo por el que se aprobó el «decretazo» de la manera en que se hizo, tomando por sorpresa a los interlocutores sociales. O la actitud displicente de Aznar con quienes, como la mayoría de los españoles, no compartían el giro brusco impartido a la política exterior. Dialogar, ¿para qué?, parecen haberse dicho los dirigentes del PP.

Con ese talante instalado en la cúspide del poder, algo muy importante ha empezado a resquebrajarse en la democracia española durante los años de gobierno del PP. Sin duda, hubo precedentes de fuertes tensiones a lo largo de la década de los noventa; incluso antes de 1982, hubo momentos de gran enfrentamiento entre la UCD y el PSOE. Pero ha sido a raíz de las elecciones de 2000 cuando el Gobierno del PP ha insistido en socavar con tenacidad algunos de los cimientos en los que descansa el edificio común construido desde el comienzo de la Transición.

Hay quien atribuye esa falta de aprecio por el diálogo y el consenso al hecho de que ni Aznar ni muchos de sus colaboradores más fieles hayan participado de la cultura política fraguada en los años iniciales de este periodo democrático. Algunos de ellos eran muy jóvenes para haber vivido de cerca aquellos momentos, y otros —Aznar entre ellos— defendían entonces otras posiciones. Pero ¿no deberían al menos haber aprendido algo de aquella experiencia? Visto en perspectiva, el consenso que se forjó entonces ha sido un gran activo para España desde todos los puntos de vista imaginables. Lo que al comienzo pudo ser visto por algunos como un corsé construido sobre la base de renuncias mutuas, que había que soportar temporalmente dada la fragilidad de las nuevas instituciones y la necesidad de conjurar los riesgos de involución, pronto se reveló como un magnífico cauce para definir y poner en valor una serie de principios y de valores comunes, al margen de diferencias ideológicas y de batallas partidarias. Gracias a ese sustrato común, hemos disfrutado de una estabilidad política sin precedentes en nuestra historia contemporánea; la sociedad se ha movilizado en torno a una serie de objetivos compartidos; y la imagen de España ante sus propios ciudadanos y de cara al exterior ha llegado a cotas inalcanzadas durante siglos.

¿Qué queda en la vida política española de aquel clima político tan fructífero? ¿Qué fue de aquel talante constructivo y dialogante que tan buenos resultados nos ha proporcionado? ¿Qué sentido tiene el consenso un cuarto de siglo después de aprobada la Constitución?

El PP trata de responder a esas preguntas de forma contradictoria: actúa como si el consenso ya no tuviese el mismo valor que hace años, por vivir ahora en una democracia consolidada; pero al mismo tiempo descalifica cualquier propuesta diferente a las suyas, y se niega al diálogo con quienes mantienen posiciones diferentes. Aznar ha demostrado tener una acepción muy particular de lo que significa el consenso: la sumisión de los demás a los criterios que él ha definido previamente. Como presidente del Gobierno, ha rechazado el diálogo siempre que ha podido, pues para él esa actitud es sinónimo de debilidad. No ha estado dispuesto a proporcionar información a la oposición; ni a profundizar en los análisis para explorar coincidencias y hacer inventario de los argumentos de unos y otros. Y por supuesto, no ha querido ni oír hablar de compartir decisiones. Ni siquiera ha prestado atención a las voces diferentes a las suyas, sino que se ha dedicado a tergiversar las posiciones de los demás, para ridiculizarlas o tacharlas de irresponsables o desleales. En suma, se ha comportado como un autócrata.

¿Habría tenido éxito una transición compleja y delicada, como la que se hizo en España, si los políticos de la época hubiesen mantenido actitudes como las de Aznar? ¿Hubiese sido posible elaborar la Constitución, o los Estatutos vasco y catalán, en un clima de tensión y de recelo mutuo como el que se vive entre el PP y el PNV, o entre Moncloa y el nuevo Gobierno catalán presidido por Pasqual Maragall? Obviamente, no. Claro que una vez se llega a esta conclusión, surgen inmediatamente nuevos interrogantes. Porque quienes se han visto sorprendidos en su buena fe, o incluso estafados por el talante que exhiben ahora los líderes de una derecha que más bien debería estar agradecida por la forma en que la Transición integró a muchos de los suyos, se preguntan: ¿nos habremos equivocado al mirar para otro lado y no tomar en consideración lo que cada cual hizo en el pasado; o al no exigir responsabilidades por los atropellos cometidos por el franquismo? Vista la manera en la que el PP trata el periodo de gobiernos socialistas anteriores a 1996, dan ganas de decir que sí. Pero eso sería tanto como entrar a jugar en su terreno. La respuesta, por lo tanto, es que si se repitiese la historia, habría que hacer de nuevo lo que hicimos. Aunque el mero hecho de que muchos ciudadanos se formulen preguntas de ese tipo no deja de ser significativo. Y muy preocupante.

La generosidad de los demócratas respecto de quienes participaron o colaboraron de un modo u otro con la dictadura se pone a prueba cada vez que los líderes de la derecha descalifican todo lo que piensan o hacen las demás fuerzas políticas parlamentarias. Quienes hicieron la Transición —unos, pertenecientes a la oposición al franquismo; otros, procedentes de los sectores reformistas de éste— tomaron la sabia decisión de renunciar al ajuste de cuentas con el pasado en aras de la reconciliación de todos los españoles, y apostaron por la construcción de un sistema político en el que cualquier idea tuviese acomodo, siempre que fuese defendida con la ley en la mano y por procedimientos pacíficos.

Para quienes llegaron a la democracia tras evolucionar desde sus orígenes franquistas, esa aproximación supuso entre otras cosas la aceptación del pluralismo —frente al monolitismo de la dictadura—, de los partidos políticos que habían sido perseguidos con saña por el régimen de Franco y de los valores y principios democráticos que habían sido combatidos por el sistema del que procedían. Las renuncias en el lado democrático no afectaron en cambio a los principios, pero sí a temas muy sensibles, como la aceptación de instituciones —la Corona— y símbolos —la bandera— que chocaban con la tradición republicana. Y también se cedió en algo quizá más difícil: se pasaba la página sobre el pasado, aunque no para olvidarlo.

Este delicado equilibrio, que fue uno de los pilares sobre los que se sustenta la Transición y, a través de ella, nuestra democracia, se tambalea cada vez que desde el PP se descalifica con extraordinaria dureza, y sin ningún matiz, todo lo que hacen o han hecho las fuerzas políticas que han constituido desde 1996 la oposición a su Gobierno. Con su forma de tratar a quienes discrepan de su política y de su forma de ejercer el poder, el Partido Popular muestra que su concepción del pluralismo y de las reglas del juego de la democracia tiene serias y preocupantes lagunas.

Oposición, ¿para qué?

El «eje del mal» de los populares está formado, por supuesto y en primer lugar, por el PSOE. A él se han venido a unir los «comunistas» de Izquierda Unida, que ya dejaron hace tiempo de recibir el trato deferente del que gozó Julio Anguita cuando participaba con Aznar en las acometidas contra el Gobierno socialista. Desde finales de los noventa, también los nacionalistas han sido incorporados a ese eje. Primero fue el PNV, tras el surgimiento del «espíritu de Ermua» y, sobre todo, a raíz del Pacto de Lizarra. Últimamente, los nacionalistas catalanes —sobre todo ERC— empiezan a ocupar un lugar preferente como destinatarios de los improperios que dirige el PP a los miembros de este grupo de «proscritos».

Me detengo algo más a analizar la manera en que el PP ha tratado al PSOE después de su triunfo electoral. Desde entonces, son incontables las veces en las que, tanto el Gobierno como los dirigentes del Partido Popular, han criticado a los socialistas como si éstos fuesen todavía los responsables de todo lo malo que ocurre en España. O sea, han ejercido de «oposición de la oposición» con una tenacidad digna de mejor causa. De manera recurrente, viniese o no a cuento, han aprovechado cualquier ocasión para repetir las críticas que dirigían antes de 1996 al Gobierno de la época, intentando con ello tapar la boca de quienes ahora tenían como principal función señalar sus fallos y criticar su acción al frente del Ejecutivo. Esta inversión de los papeles de cada uno ha estado normalmente acompañada de frases como «Ustedes no están legitimados para...», o «Ustedes no tienen autoridad moral para hablar de esos asuntos». Ocho años después de producida la alternancia, ese tipo de razonamientos solamente puede producir una mezcla de estupor e indignación en quienes los escuchan.

La obsesión del PP por negarse a reconocer que el primer partido de la oposición no sólo puede, sino que debe ejercer con plenitud su función, no se ha limitado tan sólo a ridiculizar sus antecedentes como gobernante. Ha estado acompañada de la descalificación de sus alternativas. «No me llega nada más que un vacío estruendoso, palpable, que se siente y hasta se escucha», dijo un día Aznar refiriéndose al PSOE en un tono más despectivo que lírico. Su amistad con Tony Blair le ha servido en ocasiones para contraponer la Tercera Vía propugnada por los laboristas británicos —«una izquierda presentable en Europa»— con la que según él es la vía de los socialistas españoles: «... la vía muerta de la falta de ideas, del pavor a la renovación. Están en el resentimiento y en la revancha frentista».

Cualquier crítica procedente de la oposición ha sido considerada catastrofista o revanchista, o inmediatamente descalificada sin analizar sus fundamentos ni sus razones. Por más que pueda decirse que ese tipo de reacción ante las iniciativas del PSOE forma parte de la lógica confrontación entre partidos que se disputan la voluntad de los electores, lo cierto es que revela un estilo político muy poco edificante. Y de todos modos, hay límites que nunca deberían traspasarse en democracia.

Uno de ellos es el reconocimiento del adversario como tal, y de la legitimidad de éste para desempeñar su función. Por muy profunda que sea la brecha abierta como consecuencia de las tensiones políticas, y por grandes que sean las diferencias de enfoque sobre los problemas y sus soluciones, una de las reglas básicas del juego político en democracia consiste en ese reconocimiento. Toda oposición que se precie aspira a ser gobierno; y quienes están al frente de éste, saben que algún día perderán las elecciones. Seguro que nadie del PP va a negar, en teoría, su adhesión incuestionable a ese principio. Pero en la práctica, su insistencia tan pertinaz en que el PSOE no tiene un proyecto nacional les desmiente. Aznar, en particular, lleva años declarando que el socialismo español ha acabado fragmentándose en diecisiete partidos y proyectos políticos. Lo dice presuntamente compungido, aunque lo único que pretende con ello es eliminar del terreno de juego al único adversario que le disputa al PP la hegemonía en toda España. Sueña con una competición en la que sólo uno de los equipos pueda ganar: el suyo. Y cuando el otro equipo es un partido como el PSOE, con lo que representa en la sociedad española y en la historia de España, la utilización de ese tipo de argumentos simplemente no es tolerable. ¿Cómo se puede llegar a tanta irresponsabilidad, por parte de quien ha estado al frente de las mayores responsabilidades políticas durante ocho años? ¿Cómo se atreve a borrar de un plumazo ciento veinticinco años de historia?

No se queda ahí la cosa, sin embargo. El siguiente paso consiste en cuestionar la lealtad de los socialistas con la unidad de España y con los valores constitucionales. Para cualquiera que conozca mínimamente quién es quién en la política española, es inconcebible que los líderes de la derecha conservadora, muchos de ellos emparentados política y familiarmente con los núcleos duros del régimen anterior, se autoerijan en los únicos valedores de España como proyecto nacional o en los únicos defensores de la Constitución de 1978, dedicándose a repartir certificados de buen o mal comportamiento democráticos al resto de las fuerzas políticas parlamentarias. Pero esto es lo que ha pasado aquí en los últimos ocho años. Cito literalmente a Aznar: «El PSOE ha puesto sordina a la defensa de los valores del orden establecido por la Carta Magna...». Quien pronunció esa frase ¿es el mismo Aznar que escribía artículos de prensa en 1979 extraordinariamente críticos con el consenso de la Transición, con los Estatutos vasco y catalán y con el título VIII de la Constitución? ¿Quién es realmente Aznar: el centrista que dice haber asumido la herencia de la UCD de Suárez y que disfruta apareciendo en la foto junto a Blair, o más bien el que ha efectuado una lectura mezquina de muchos preceptos constitucionales durante sus años de gobierno? ¿El demócrata o el autócrata?

El talante del PP respecto de sus adversarios es propio de una formación política autoritaria, incapaz de respetar los principios elementales del pluralismo político. Salvo cuando han necesitado los votos de otros grupos para formar mayorías parlamentarias, sus relaciones con los demás partidos son desabridas; el abuso de poder se ha convertido para ellos en algo habitual; y el tono y contenido de sus descalificaciones han ido mucho más lejos de lo que es tolerable. «Son un riesgo para el país y son un riesgo para la estabilidad del país», dijo Aznar refiriéndose al PSOE. Eso mismo es lo que muchos pensamos de sus comportamientos y de los que ha transmitido a muchos dirigentes de su partido.

Ni siquiera al final de su mandato ha tenido Aznar un momento para reconocer la labor de sus adversarios. En su último encontronazo dialéctico con Zapatero en el Congreso, durante la sesión de control al Gobierno, le descalificó como «insolvente». Y en una especie de testamento político, que leyó en respuesta a la pregunta untuosa de su portavoz parlamentario, entre los abucheos de la oposición, se limitó a agradecer el trabajo de los miembros de su grupo, despreciando incluso a quienes le han apoyado en buena parte de sus ocho años al frente del Ejecutivo. Un comportamiento tan poco elegante revela un carácter mal adaptado a los usos y costumbres democráticos; aunque sea muy coherente con su trayectoria.

Espacio político y memoria histórica

Ahora que ya no parten de cero, y que han ido dejando trazas de su paso por el gobierno, ¿qué representan de verdad las siglas del PP? ¿Quiénes son los que nos han gobernado durante los últimos ocho años?

Sabemos la imagen que querrían tener. El PP aspira a ocupar todo el espacio político, y los demás partidos parecen sobrarle; por eso están obsesionados por difuminar su verdadera identidad, encubierta bajo su permanente viaje hacia el centro. Les gustaría ser los más liberales. Los más modernizadores. Los más eficaces. Los más respetados en el mundo. Los más dialogantes con los sindicatos. Pero se contradicen a sí mismos, pues al mismo tiempo siguen queriendo representar a los sectores más tradicionales de la sociedad española. Y ser los más proamericanos en toda la Unión Europea, sin dejar de ser europeístas. Y los más católicos. También quieren mantener buenas relaciones con los sectores económicos más poderosos. Y por supuesto, se creen los únicos que están en primera línea defendiendo la identidad de la patria, frente a tanto diletante.

Uno de los sitios donde mejor se aprecia su esfuerzo para intentar cubrir todos los flancos es en el mundo de la cultura. El PP ha desplegado sus redes en muchas direcciones para encontrar referentes históricos, intelectuales o artísticos que pudiesen ser asociados a su política. Carlos V y Felipe II han convivido en el imaginario de los populares con Azaña, Cánovas del Castillo o Romanones. En unos casos se ha tratado de un afecto sincero, mientras que en ocasiones más bien hemos asistido a un matrimonio de conveniencia. Lo mismo ha sucedido en el mundo de la creación artística. Los poetas de la generación del 27 han sido muy celebrados por quienes aún tienen dificultades para condenar el levantamiento del 36, provocándose así situaciones muy poco creíbles.

Lo que queda claro es que, sean cuales sean sus verdaderas preferencias estéticas, la pasión por la cultura de que hace gala Aznar no les ha proporcionado ni a él ni a su partido la dosis de relativismo necesaria para apreciar algunas cualidades en los demás. Tampoco se compadece el sectarismo desplegado hacia sus adversarios políticos con su pretensión de identificarse a sí mismos como «centristas». Los dirigentes del PP han puesto un empeño continuo y tenaz para borrar del recuerdo del pasado cualquier rasgo positivo en relación con los gobiernos socialistas que les precedieron. Escuchando cómo hablan de ese periodo, una vez que ya es historia su oposición al Ejecutivo de la época, se tiene la impresión de que, si pudiesen, arrancarían de un plumazo todas las páginas del calendario comprendidas entre octubre de 1982 —fecha de la primera victoria del PSOE— y marzo de 1996. A los representantes de la derecha, les gustaría tender un puente virtual que les transportase —como en la película *Regreso al futuro*— desde los tiempos en que gobernaba Leopoldo Calvo Sotelo hasta el día en que Aznar traspasó el portal del Palacio de la Moncloa. Eso sí, sin dejar de aprovecharse de todos los avances que se produjeron en esos catorce años.

Pero les guste o no, esos años existieron. Nadie puede escribir un relato de lo ocurrido desde la Transición hasta hoy sin analizar con detenimiento los logros de los años de gobierno de Felipe González, y las políticas que se pusieron en marcha para alcanzarlos. La consolidación de la democracia se produjo en algún momento de ese periodo. Lo mismo que otros muchos jalones, sin los cuales no se entiende el camino que hemos recorrido hasta hoy. El vigésimo aniversario de la llegada del PSOE al Gobierno pudo haber sido la ocasión para que el PP normalizase su percepción de lo ocurrido desde entonces. Hubiese sido, por su parte, un rasgo de inteligencia y de madurez democrática. Pero no lo hizo. Y en tanto la derecha no lleve a cabo esa reflexión, se seguirán avivando los rescoldos sobre los que se asienta nuestra vida política, que hoy vuelve a estar, como en la primera mitad de los noventa, sometida a excesivas tensiones. Es más, una lectura serena de los errores cometidos por el PSOE durante los años en que dispuso de mayoría absoluta quizá le hubiese sido útil al Partido Popular para aprender en cabeza ajena. Pero ni siquiera en eso han estado por la labor.

Más bien ha tratado de reescribir la historia, para apuntarse todos los éxitos habidos desde 1977 en su haber, y tergiversar lo sucedido durante la mitad de ese periodo, el gobernado por los socialistas. Con la ayuda de un grupo de historiadores e intelectuales afines, el PP ha puesto mucho empeño en apropiarse en primera persona de todos los avances registrados en la España democrática, descalificando simultáneamente a sus principales artífices. Sus alabanzas a la transición política son compatibles, en su discurso, con el envío a los infiernos de muchos de sus protagonistas principales. Oyendo a quienes nos han gobernado durante estos últimos tiempos, parece que hubiesen sido ellos los que acabaron con los riesgos de involución, nos metieron en Europa o universalizaron los derechos a la educación, la sanidad o las pensiones.

Ese sesgo sectario suelen complementarlo a veces, para colmo, con una visión dulcificada del franquismo. Leyendo entre líneas los análisis y valoraciones de nuestra historia reciente formulados por algunos amigos del PP, podría pensarse que López Rodó hizo más por la modernización de la economía española que Carlos Solchaga o Pedro Solbes; que la incuria de los ministros franquistas hacia la escuela pública o hacia las —pocas— universidades de la época fuese preferible a la política educativa de José María Maravall; que la política cultural de Esperanza Aguirre haya borrado del mapa la labor de antecesores suyos como Solana, Semprún, Solé Tura o Carmen Alborch; y que, por supuesto, la trayectoria política de Fraga ha sido intachable desde su juventud, mientras que Felipe González es un gobernante que debe ser eliminado del relato en positivo de esta época.

¿Quiénes nos han gobernado desde 1996?

La falta de diálogo y el rechazo del consenso, el intento continuo de deslegitimar al oponente para ocupar todo el espacio político, la tergiversación de los hechos y de la historia: todos ellos son rasgos inherentes al comportamiento del PP en estos años. Y en la medida en que el poder acumulado por los populares ha ido *in crescendo*, a la política española se le han ido achicando los espacios. Se discute mucho; a veces incluso se grita más de la cuenta y se profieren insultos. Pero no se debaten los temas en profundidad. No se intercambian ideas con argumentos, ni se respeta al discrepante. Y eso empobrece la democracia.

En la sociedad actual, los ciudadanos perfilan sus criterios y sus preferencias políticas en base, sobre todo, a la información que reciben a través de los medios de comunicación. Los mítines y las reuniones de cada partido sirven, sobre todo, para movilizar a quienes ya tienen su opinión formada de antemano. Las técnicas publicitarias y de *marketing* político que se suelen utilizar en las campañas electorales son, por sí mismas, menos eficaces de lo que están dispuestos a reconocer quienes se ofrecen a las respectivas fuerzas políticas como expertos en la materia. Por decirlo en unos términos que le sonarían familiares a Aznar, la «lluvia fina» vertida durante toda una legislatura es mucho más eficaz políticamente que el chaparrón de anuncios y de promesas que se dirigen a los ciudadanos durante las semanas previas a cada elección.

Por ello, y por el elemental respeto que se les debe a los electores, es urgente recuperar en nuestro país los espacios de reflexión y de intercambio de ideas y de alternativas, arrinconados en las dos últimas legislaturas. Cada vez son menos los espacios públicos donde pueda verse a dos o más cuadros dirigentes de diferentes partidos tratar con serenidad y rigor los muchos asuntos relevantes que están sobre la mesa de la agenda política. También hay que recuperar mecanismos eficaces de control del poder ejecutivo. Con una mayoría absoluta ejercida como lo ha hecho el PP, no sólo se puede dominar al Parlamento. La mayoría parlamentaria, además, tiene mucho que decir en la composición de los órganos constitucionales, y Aznar ha decidido utilizar esa facultad de manera implacable, forzando hasta el límite las posibilidades legales. El Tribunal Constitucional, el Consejo General del Poder Judicial, la Fiscalía General del Estado, el Tribunal de Cuentas, la Comisión del Sistema Eléctrico, la Comisión Nacional del Mercado de Valores, la Comisión del Mercado de las Telecomunicaciones, el Consejo de Administración de RTVE..., casi no queda una institución en la que el PP no haya colocado en estos ocho años a personas de su máxima confianza política. Los contrapesos imprescindibles en cualquier democracia están hoy al servicio de aquel a quien deberían controlar.

¿Cómo definir la sustancia política de quienes nos han gobernado desde 1996? La mejor aproximación para una definición del tipo de política y de políticos que se agrupan en el PP actual se la escuché en julio de 2003 a Bill Clinton. Por supuesto, el ex presidente no se estaba refiriendo a la derecha española, sino a los republicanos de su país, con George W. Bush a la cabeza. Según Clinton, la vieja derecha ya no está en el puente de mando; le ha sucedido una nueva derecha, que él denominó la «Cuarta Vía», por contraposición a la «Tercera Vía» de Tony Blair y de él mismo. Al copiar algunos de los rasgos de ésta, la nueva derecha se cubre de una pátina de modernidad; pero su verdadera política es totalmente opuesta. Mientras que los objetivos de la Tercera Vía son el progreso, la cooperación y un ejercicio responsable del poder, el principal objetivo de los neoconservadores es alcanzar y conservar el poder y el control de todo, pues piensan que ellos son los que están llamados a esa tarea por encima de cualquier otro grupo o partido. Además, quieren alcanzar sus metas sobre la base de fijarse enemigos y atacarles con dureza. Y son indiferentes ante cualquier evidencia que no vaya en su interés. «Todo lo bueno que sucedió bajo mi mandato tuvo su origen en algo realizado por Reagan antes de mi llegada; y de todo lo malo que sucede desde que abandoné mi cargo, yo tengo la culpa», dijo Clinton. Y añadió: «Sus políticas se orientan a reforzar su poder, por lo que concentran riqueza y poder en las manos de sus aliados. Pero están a favor de introducir cambios. No se trata de la vieja derecha conservadora. Impulsan cambios que concentran el poder en las manos de quienes les pueden mantener a ellos en el poder».

Clinton estaba describiendo a Bush y a los neoconservadores norteamericanos. Pero a los españoles que asistíamos a su discurso en el Guildhall de Londres, enseguida nos vino a la mente la imagen de Aznar y del PP. Pues aquí nosotros también hemos estado gobernados estos años por una derecha obsesionada por el poder, tan poco respetuosa con sus antecesores en el Gobierno como alejada de muchos de los valores que han impregnado la cultura política de nuestra Transición. El problema, nuestro problema como ciudadanos españoles, es que han sido precisamente esos valores, que la derecha actual no comparte, los que nos han permitido avanzar en los últimos veinticinco años mucho más que en el resto de los dos últimos siglos, y vivir en libertad y en democracia el periodo más estable y fructífero de nuestra historia contemporánea.

Capítulo X

Algunas conclusiones y una alternativa

Cuando el PP llegó al poder en 1996, todavía se especulaba con las consecuencias que podría acarrear su paso por el Gobierno. Durante su etapa en la oposición, no despejaron totalmente las incertidumbres sobre cuáles serían sus verdaderas intenciones en algunas áreas, pero sobre todo pusieron de manifiesto un estilo de hacer política que estaba en las antípodas del que había prevalecido desde el comienzo del periodo constituyente. La apelación a la necesidad de una «segunda transición» formulada por Aznar generaba inquietud; sobre todo, vistos los apoyos que tuvo para llegar al poder y su forma de entender la confrontación ente Gobierno y oposición.

Al acabar su primera legislatura, en marzo de 2000, algunos de esos temores parecían haber quedado disipados. Los representantes de la derecha habían hecho suya la Constitución de 1978, y todavía no era patente su voluntad de apropiársela en exclusiva. El hecho de que se hubiesen apoyado en los votos de los nacionalistas para completar la mayoría en el Congreso dio credibilidad a su compromiso con el Estado de las autonomías, que habían criticado a fondo sus antecesores de AP. Los populares establecieron, además, relaciones muy positivas con los sindicatos, lo que sirvió para que el clima social fuese tranquilo y constructivo. Tampoco desmantelaron en lo sustancial ninguno de los avances sociales logrados antes de que ellos estuviesen al frente del Ejecutivo. Y en política exterior, la apuesta europea seguía orientando la política española sobre los ejes trazados en 1977.

Fue en esa primera legislatura cuando el PP obtuvo los mejores resultados en su acción de gobierno. El crecimiento económico superó el promedio alcanzado por la Unión Europea, y los desequilibrios macroeconómicos se redujeron hasta permitir la integración de la peseta en el euro desde el primer momento. Gracias a ello, el aumento del empleo, y la moderación de la oferta de trabajo por razones demográficas, llevaron a una sensible reducción del paro. El desahogo de la presión sobre las finanzas públicas, por el juego combinado del incremento de presión fiscal causada por el ciclo expansivo, la mejoría experimentada en el mercado de trabajo y la reducción de los tipos de interés decidida por los mercados brindaron al gobierno Aznar la posibilidad de cumplir con los objetivos de reducir el déficit público y rebajar simultáneamente la tarifa del Impuesto de la Renta de las Persona Físicas; aunque se ayudaron subiendo otros impuestos.

Los logros en el terreno de la economía y en el empleo estuvieron acompañados de un avance no menos importante en el problema que, junto con el paro, figuraba en el primer lugar de las preocupaciones de los ciudadanos: el terrorismo. Aunque la tregua de ETA había finalizado pocos meses antes, el PP se presentó a las elecciones de 2000 con un buen bagaje. La paz había estado muy próxima, y muchos vascos se movilizaron con coraje y energías renovadas para derrotar a los violentos, apoyando al Gobierno en la lucha antiterrorista.

En el lado positivo del currículum de Aznar había que apuntar, junto a lo anterior, su habilidad para lograr la modernización de la derecha, adaptando su discurso a los requerimientos de un país dinámico, que no estaba por la labor de desandar el camino recorrido desde el final de la dictadura. El Partido Popular estaba unido en torno al proyecto político encarnado por su líder, y era la fuerza política de ámbito nacional mejor organizada. Dominaba las técnicas de comunicación, y sus mensajes estaban cuidadosamente preparados para llegar hasta los sectores moderados del electorado, que eran quienes en definitiva decidirían con su voto la inclinación de la balanza a su favor.

Para el coro de aduladores que se fue formando alrededor de La Moncloa, el balance de los cuatro primeros años de gobierno del PP no tenía pasivo alguno. Ese grupo de admiradores, compuesto entre otros por sus colaboradores más directos y por quienes habían encontrado acomodo en los medios de comunicación puestos al servicio del Gobierno por algunas empresas privatizadas, querían catapultar a Aznar hacia un lugar relevante en las páginas de los libros de historia. Quienes pocos años antes habían dedicado comentarios poco delicados a su escaso carisma y a su falta de capacidad para ilusionar a la gente, caían ahora rendidos ante sus virtudes.

La política del PP entre 1996 y 2000 también tuvo, por supuesto, su lado negativo. Empezando por la utilización abusiva de los resortes del poder, que les permitió consolidar sus alianzas con sectores importantes del poder económico y de los medios de comunicación, ambos remodelados conforme a sus intereses gracias a las privatizaciones. Los servicios públicos no fueron objeto de recortes drásticos, pero sí de una falta de atención y de cuidados que afectó a la calidad de sus prestaciones. Los que recibían financiación presupuestaria sufrieron por las insuficiencias de ésta y por la desmotivación de los empleados públicos, faltos de incentivos ante unos responsables que no creían en el modelo que estaban gestionando. Y los que eran prestados por los antiguos monopolios ahora privatizados no pudieron beneficiarse de los incentivos de la libre competencia, al predominar las situaciones de cuasi monopolio o de oligopolio. Las reformas teóricamente encaminadas a liberalizar el funcionamiento de los mercados no pudieron, o no quisieron, evitar que los intereses de las empresas dominantes en esos sectores prevaleciesen sobre los derechos de los usuarios. Las desigualdades aumentaron, tanto por el lado de los ingresos tributarios —menos redistributivos— como por el lado de los gastos. Y en el plano estrictamente político, en vez de llevarse a cabo las reformas democráticas anunciadas, el Gobierno y su partido estrecharon el espacio del pluralismo y se dedicaron a actuar como la «oposición de la oposición», a la vez que manipulaban la información transmitida por los medios públicos y controlaban buena parte de los privados.

Los electores se hicieron su composición de lugar sopesando los pros y los contras, y decidieron en marzo de 2000 que los resultados positivos de la gestión del PP se merecían un nuevo depósito de confianza; le dieron incluso un número de diputados suficientes para gobernar sin necesidad de buscar apoyos entre los demás grupos parlamentarios. Hasta mediado el año 2002, Aznar se las prometía muy felices. En enero de ese año anunció que no volvería a presentarse a la reelección —lo que muchos ensalzaron como un gesto de desprendimiento— y comenzó la presidencia semestral de la UE, durante la cual pensaba poder aumentar su prestigio internacional. Se rumoreó que ello podría además servirle pasa aspirar a ocupar algún puesto relevante en la Unión Europea. Pero casi simultáneamente, sus apoyos en la sociedad empezaron a flaquear. Los problemas se acumularon desde entonces unos encima de otros, y la imagen del Gobierno del PP se deterioró. La huelga general contra el «decretazo», las protestas contra la desastrosa gestión del «caso *Prestige*» y las manifestaciones masivas contra la guerra de Irak crearon un abismo de incomprensión y de desconfianza. Muchos ciudadanos vieron en las movilizaciones de estos dos últimos años una oportunidad para expresar su malestar ante el talante antipático y autoritario que ha caracterizado el comportamiento del Ejecutivo del PP.

Curiosamente, cuando el Gobierno ha tenido en sus manos todo el poder para tomar decisiones sin necesidad de acudir a negociar el apoyo de otros grupos, han proliferado las dificultades. Las relaciones con los sindicatos han empeorado; el enfrentamiento con los partidos de izquierda y con los nacionalistas se ha agudizado, hasta alcanzar grados de tensión muy elevados; los cauces de participación de los movimientos sociales y las organizaciones no gubernamentales se han cegado. Las libertades se han recortado. Y los resultados obtenidos por muchas de las políticas gubernamentales son mediocres, lo que contrasta con algunos de los alcanzados en la legislatura anterior.

A partir del momento en que Aznar hizo pública su intención de no repetir como candidato, su tono se volvió más agrio. En sus alocuciones ante sus propios compañeros de partido, o ante la ciudadanía, ha aparecido mucha veces enfadado, y hasta gruñón. En vez de exponer con serenidad sus argumentos, ha recurrido a los malos modos y a las descalificaciones. La discrepancia se ha convertido para él en deslealtad. Las críticas a sus decisiones o a la orientación de sus políticas han sido desechadas, sin tomarse la molestia de intentar comprenderlas. Y para rematar un talante que encaja como un guante en el arquetipo de los políticos autoritarios, ha tratado de apropiarse en exclusiva del espacio constitucional, intentando expulsar del mismo a todos los demás partidos.

Su sucesor Rajoy dijo un día que esa manera de hablar y de confrontar opiniones era propia del carácter de Aznar, adusto y frío. Pero conociendo lo sucedido en estos últimos años, hay que concluir que hay algo más de fondo en la forma en que se comporta la derecha. Porque Aznar no ha sido el único líder del PP que ha confundido el debate político de ideas con una batalla campal. La mayoría de sus colaboradores en el Gobierno o en el partido actúan como si su objetivo último fuese la liquidación del adversario. Muchos ministros y portavoces del PP, incluido el propio Rajoy, disfrutan sacando tarjetas rojas para expulsar del campo a todos los que se atreven a llevar la contraria a sus posiciones.

DE NUEVO, UNA DERECHA PREOCUPANTE

Desde los años ochenta, el resto de los partidos saludaron con satisfacción la evolución de la derecha conservadora; tras su actuación en estos años ha renacido, sin embargo, la preocupación. El PP es ahora un partido sin principios rígidos, acomodaticio, que sabe plegarse a la dirección en la que sopla el viento; pero simultáneamente han vuelto a desempolvar algunas de sus ideas y postulados más rancios. ¿Lo hacen porque creen que así arañan algunos votos, o porque están convencidos de que ésa es la política que conviene hacer a comienzos del siglo XXI? ¿Qué pretenden realmente con esos mensajes tan poco «centristas»: mantenerse en el poder al precio que sea, o frenar el proceso de modernización, de secularización y de cohesión social que ha identificado a los veinte primeros años de democracia?

En realidad, con su comportamiento pretenden cubrir ambos objetivos. Se sienten cómodos ideológicamente, y también satisfechos por la rentabilidad electoral que obtienen a cambio. Frente a los esfuerzos que hicieron hasta el año 2000 por centrar su discurso y llegar hasta los sectores moderados del electorado, ahora piensan que pueden ganar apoyos —o al menos reforzar los ya conseguidos— tensando la cuerda y radicalizando algunos mensajes. Y han puesto manos a la obra. En cuanto han podido, han vuelto a asumir el espíritu de la derecha de siempre para abordar viejos problemas como el de los nacionalismos, o la relación entre Iglesia y Estado. Han recuperado en estos años su cara centralista, intolerante, próxima a los núcleos de poder más tradicionales. Su comportamiento ha sido implacable hacia quienes no les han seguido su juego.

Al actuar así, el PP renuncia a construir un proyecto de futuro para España. En vez de marcar un conjunto de objetivos en los que puedan reconocerse todos los españoles, su política persigue simplemente satisfacer sus intereses, con independencia de las consecuencias que ello pudiese acarrear. Y si de paso ganan unos cuantos votos, aunque sea a costa de dividir a la sociedad, miel sobre hojuelas. Sólo así se explica la obsesión con la que han decidido focalizar la atención de la opinión pública sobre las tensiones territoriales, que ellos mismos han profundizado y agravado con su actitud.

El excesivo protagonismo de los temas identitarios y territoriales le ha servido además al PP para desviar la atención sobre otros problemas importantes que están sobre la mesa, pendientes de solución. Empezando por la economía, donde ya nadie podría decir aquello de «España va bien», pues su salud empieza a acusar algunos achaques preocupantes. Es como si el «milagro» que Aznar se atribuyó en primera persona del singular al comienzo de su mandato se estuviese desmoronando pieza por pieza.

Para completar el cuadro, en lo que se refiere a nuestra relación con el resto del mundo, España es un país muy diferente al que ellos recibieron hace ocho años. Hemos pasado de vivir muy bien instalados en el puente de mando de la Unión Europea, a ser uno de sus miembros más reluctantes ante los avances del proceso de integración. No tenemos aliados ni amigos fiables entre los «quince», pues los países capaces de liderar la política europea ven en nosotros a un socio incómodo, más dispuesto a frenar la toma de decisiones —a veces, por cuenta de Estados Unidos— que a colaborar en preparar las coaliciones y las transacciones que las hagan posibles.

Cuatro años después de la campaña electoral de 2000, el eslogan que utilizó entonces el PP —«Vamos a más»— refleja lo sucedido en la última legislatura, aunque en el sentido opuesto al buscado por los publicitarios. Los populares han acumulado aún más poder que el que ya atesoraron durante su primera legislatura en el Gobierno, y lo han ejercido de forma autoritaria. La hegemonía de la derecha sobre muchos aspectos de la vida pública de nuestro país es agobiante, pues administran el poder como si de un cheque en blanco se tratara, hasta el punto de que sus abusos afectan seriamente a la salud de nuestra democracia y al disfrute de las libertades. Los «puntos negros» de la democracia española son hoy bastante más numerosos que en 1996, y más oscuros.

La propia Constitución está siendo víctima de la bulimia de poder en que ha caído el Partido Popular. O rescatamos a la Constitución de las manos de sus cancerberos del PP, o éstos acabarán por conseguir que su espíritu se agoste y que el apego que los españoles sienten hacia ella empiece a menguar. O actuamos ahora, o nos tendremos que arrepentir en el futuro por no haber reaccionado a tiempo. Hay muchas cosas que hacer en España, y no hay ninguna razón que nos impida poner ya manos a la obra.

Lo que queda por hacer

Lo que puede unir de nuevo a los españoles en torno a una verdadera «patria constitucional» no es ni una bandera, ni un relato épico de las hazañas de nuestros antepasados, ni mucho menos el señuelo de un nuevo enemigo interior, hable éste en euskera, en catalán, en castellano o en árabe. Lo que nuestro país está necesitando con urgencia es la formulación de un proyecto político capaz de movilizar sus energías para construir un estado con mejores perspectivas de futuro, con mayor confianza en sí mismo y en las fuerzas sumadas de todos sus componentes. Un proyecto que no sea de partido, sino de todos. Que sustituya al elaborado a comienzos de la Transición, agotado a causa de su propio éxito en la medida en que ya ha sido realizado en la mayor parte de sus extremos. Un proyecto cuyos rasgos definitorios puedan persistir y ser reconocidos con independencia de quien gobierne en La Moncloa.

Los españoles necesitamos poner en pie una estrategia para la pacificación del País Vasco, que una de nuevo a todos los demócratas. Ahora que el final de ETA puede estar próximo, no podemos resignarnos a que quienes hemos sido sus rehenes —la inmensa mayoría de los vascos y el resto de los españoles— seamos incapaces de entendernos para organizar la paz. Cuando las pistolas dejen de sonar, ya no valdrán las excusas que desde uno y otro lado se utilizan hoy para no dialogar sobre las distintas formas de organizar el autogobierno del País Vasco. ¿Por qué no empezar ya ese diálogo? ¿Es que va a ser ETA quien decida cuándo y en qué condiciones pueden hablar el presidente del Gobierno español y el *lehendakari* vasco? ¿No sería mejor demostrar, a quienes justifican todavía el terrorismo, que en la democracia española se puede discutir de cualquier idea con plena libertad, siempre que se respeten las reglas del juego? En torno al «Plan Ibarretxe» y a su futuro se escuchan muchas previsiones, y ninguna de ellas acarrea buenas consecuencias. Ante ello, tan irresponsable es la despreocupación como el desistimiento. Tanto la pretensión de imponer el Plan a la mitad de los vascos y al conjunto de España como la exaltación de las actitudes antinacionalistas y las alusiones al artículo 155 de la Constitución conducen a un callejón sin salida. Cuanto antes se vuelvan a encontrar en torno a una mesa todas las fuerzas democráticas para hablar del futuro del País Vasco, mejor para todos.

Hasta que no vuelva a sus cauces el debate vasco, los demás asuntos autonómicos seguirán teñidos de un cierto dramatismo. Empezando por la situación de Cataluña, que está iniciando un nuevo y apasionante ciclo político, después de casi un cuarto de siglo protagonizado por Pujol y por CiU; un ciclo que importa mucho que se pueda desarrollar en términos positivos, sin frustraciones. El Estado de las autonomías se merece, en ese caso y en otros que están sobre el tapete, que contemplemos su futuro con confianza, sin que el miedo paralice su desarrollo. Los pactos entre los grandes partidos, y la interlocución fluida de éstos con los nacionalistas catalanes, ha sido hasta ahora la fórmula que ha permitido avanzar así. Hay que seguir por esa vía. Las apelaciones al «cierre del modelo», o las frases de «hasta aquí hemos llegado», no encajan con el Estado de las autonomías tal y como está diseñado. En los próximos años habrá que acordar el perfil de un nuevo Senado, encontrar la fórmula que integre a las autonomías en la toma de decisiones a escala europea, poner en marcha técnicas federales de cooperación y equilibrar la distribución del poder político en beneficio de los Ayuntamientos.

Europa va a reclamar más poder de sus países miembros. Para que su integración no retroceda ante la complejidad que representa la ampliación, la Unión Europea necesita desempeñar un papel más relevante de cara al resto del mundo. A los españoles nos interesa avanzar hacia esa meta, y nos conviene participar de forma activa en las decisiones que se adopten para ello. Cuanto antes nos desprendamos del euroescepticismo del PP, mejor para todos. Nuestro futuro económico y nuestro modelo social no son imaginables ya fuera de ese marco; pero tampoco la política de inmigración, ni la lucha contra la delincuencia organizada y contra las redes terroristas; ni la defensa de nuestros intereses en el Mediterráneo, o la relación con Rusia y con los demás países del este de Europa que no van a formar parte de la Unión. América Latina es el otro espacio que resulta vital para nuestros intereses. Desde que las empresas españolas decidieron invertir allí grandes sumas de dinero, y cientos de miles de latinoamericanos han inmigrado a España, nuevas razones han venido a reforzar la riqueza y la enjundia de nuestras relaciones basadas en la cultura y la historia comunes. La distancia entre ambos lados del Atlántico es ahora menor que hace diez años, y se va a seguir acortando. Pero no debemos mirar sólo hacia el hemisferio sur. La amistad con Estados Unidos y la profundización de nuestras relaciones con ese país son del máximo interés, tanto en el plano bilateral como en el marco europeo, aunque nunca podrán sustituir ni compensar nuestro compromiso europeo.

España tiene que abordar también en los próximos años un nuevo e intenso proceso de reformas internas. El pleno empleo aparece en el horizonte, de nuevo, como una posibilidad real; pero está pendiente la definición de una estrategia capaz de lograr que la calidad del empleo mejore, y que la inserción en el mercado de trabajo no actúe como un mecanismo de dualización de la sociedad. Para ello, no basta con diseñar nuevas modificaciones de la legislación laboral; es el propio modelo de crecimiento de la economía quien debe experimentar cambios. España ha de dar prioridad a sus inversiones en educación, hacer un mayor esfuerzo para la formación y cualificación de sus recursos humanos, apostar por el apoyo a sus científicos e investigadores y desarrollar políticas capaces de incrementar de modo sustancial la utilización de nuevas tecnologías y los indicadores de productividad. La libertad económica y el funcionamiento de los mercados requieren organismos reguladores fuertes e independientes de la influencia del poder ejecutivo y de los intereses de las empresas reguladas.

La liberalización económica, requisito imprescindible de nuestra competitividad, no tiene por qué alentar tendencias egoístas en los individuos, aunque sí debe fomentar la iniciativa individual. Pero una economía eficiente es también aquella donde los ciudadanos pagan sus impuestos conscientes de que con ello están contribuyendo a financiar los servicios y prestaciones necesarios para el funcionamiento armónico de la sociedad. Una sociedad en la que el valor de la solidaridad y la búsqueda de una mayor distribución de la renta y de las oportunidades no son en absoluto incompatibles con el pluralismo y el respeto a la diversidad. Cada ciudadano tiene derecho a que se respeten sus diferencias —de orientación sexual, de raza, de lengua, de religión, de culturas— y al mismo tiempo es titular de unos derechos que garantizan la igualdad básica de todos.

Una sociedad envejecida no será nunca una sociedad dinámica. Por eso, junto a un nuevo modelo de crecimiento, España debe optar por un modelo de sociedad distinto al que se empieza a entrever al analizar las proyecciones de los demógrafos y las actuales políticas de inmigración. Para recuperar una tasa de natalidad que ayude a reequilibrar una pirámide de población hoy seriamente deteriorada, hay que avanzar en la equiparación de hombres y mujeres en el acceso a un trabajo remunerado fuera del hogar, conciliando la maternidad con el empleo. Lo cual no va a resolverse con una ley, ni con unas pocas medidas cosméticas. Para que esa igualdad sea real, la red de servicios sociales debe potenciarse sustancialmente. Se necesita, pues, dinero público, además de una profunda coordinación de actuaciones entre todos los niveles de la administración pública; y la cooperación de los poderes públicos con la iniciativa privada, con o sin afán lucrativo. Junto a ello, hay que reconocer que España necesita a los inmigrantes. No basta sólo con aceptar a los que ya han venido, procurándoles una vida digna y oportunidades de progreso en la escala social, sino que hay que educar ciudadanos preparados para vivir en una sociedad mucho más diversa y plural, en la que puedan sentirse integrados quienes ya han decidido quedarse con nosotros y los que aún están por venir.

Veinticinco años después de aprobarse la Constitución, los españoles no tenemos que demostrar a nadie nuestra idoneidad para organizar la convivencia y gestionar un Estado moderno. Pero esa satisfacción no nos debe hacer renunciar a nuevas metas. A partir de las instituciones actuales, ha llegado la hora de proponer cambios. Si hay que modificar el modelo de crecimiento de nuestra economía, o el modelo de sociedad, parece lógico pensar que también haya que introducir ciertas reformas en el sistema político. Llevarlos a cabo con el mismo espíritu de consenso que existió en 1978 será la mejor forma de demostrar la vigencia de la Constitución. La reforma de algunos de sus artículos —como ha planteado el PSOE— nada tiene que ver con la puesta en cuestión del pacto constituyente. Cuando el PP afirma eso, sabe que falta a la verdad. Es necesario que nuestra vida política recupere el talante, el estilo, la generosidad y la altura de miras con la que se comportaron los protagonistas de la Transición; incluso para expresar las discrepancias que existen entre los diferentes partidos.

Los españoles tenemos hoy más posibilidades que nunca para superar los obstáculos que se interponen entre nuestro presente y el futuro deseable. Traducirlas en logros concretos y tangibles requiere desplegar la imaginación y hacer gala de una sana ambición, pero también preservar los rasgos más positivos de nuestro comportamiento colectivo en el último cuarto de siglo. Al iniciarse la Transición, las metas que queríamos alcanzar estaban claras, y lo difícil era saber cómo debíamos caminar hacia ellas. El diálogo, el consenso, la tolerancia y el respeto mutuo nos proporcionaron la respuesta. La situación hoy es diferente, aunque tan apasionante como aquélla: sabemos cómo debemos hacer las cosas, aunque quizá tengamos menos claridad en cuanto a las políticas que hay que desarrollar. Si entonces acertamos, ahora sería imperdonable no hacerlo. Tenemos mejor formación, más experiencia, mayores recursos. Contamos con mejores oportunidades y con más protección. Pero en estos años de gobierno del PP, hemos perdido quizá la ilusión colectiva para emprender de nuevo un proyecto político común. Se ha perdido conciencia cívica, y hay más resistencia a asumir responsabilidades. Se ha querido exaltar el individualismo como valor, intentando que los ciudadanos piensen en resolver sus problemas por sí mismos, sin necesidad de recurrir a mecanismos de solidaridad. El debate político se ha empobrecido, y el espacio público se ha achicado.

Por eso, para resumir en una sola todas las críticas a la gestión del Gobierno del PP que he realizado en estas páginas, diré que estos ochos años nos dejan una España con menos confianza en sí misma, más escéptica y más dividida. Con más bienestar individual para una parte de sus ciudadanos, pero con menos capacidad colectiva para afrontar los retos del futuro. Nuestra democracia ha descendido a unos niveles de muy baja calidad, y se han producido recortes en algunos derechos y libertades básicos. Desde 1977, fuimos avanzando. En estos años, unos lo han seguido haciendo, pero muchos se han sentido marginados. La culpa de todo ello, y su solución, tienen que ver con la política. Y ya sabemos ahora que no todas las políticas, ni todos los políticos, son iguales.

Este libro se terminó de imprimir
en los talleres gráficos de Palgraphic, S. A.
(Humanes, Madrid) el mes de febrero de 2004

Este libro se terminó de imprimir
en los talleres gráficos de Palgraphic, S. A.
Humanes (Madrid) el mes de febrero de 2001